云和县政协文史委　编

消逝中的村庄

西泠印社 出版社

图书在版编目（CIP）数据

消逝中的村庄 / 云和县政协文史委编. -- 杭州：
西泠印社出版社，2023.12
ISBN 978-7-5508-4356-1

Ⅰ．①消… Ⅱ．①云… Ⅲ．①村落－概况－云和县
Ⅳ．①K925.55

中国国家版本馆CIP数据核字(2023)第233739号

消逝中的村庄

云和县政协文史委　编

责任编辑	俞　莺
责任出版	冯斌强
责任校对	徐　岫
装帧设计	吕周亮
出版发行	西泠印社出版社

（杭州市西湖文化广场32号5楼　邮编　310014）

经　　销	全国新华书店
制　　版	浙江东昌印务有限公司
印　　刷	浙江东昌印务有限公司
开　　本	787mm×1092mm　1/12
字　　数	15 千
印　　张	6.5
印　　数	0001－1600
书　　号	ISBN 978-7-5508-4356-1
版　　次	2023年12月第1版　第1次印刷
定　　价	240.00元

西泠印社出版社发行部联系方式：（0571）87243079

序

云和县政协主席　王新荣

　　云和县地处浙江省西南部、瓯江上游，山川灵秀，物博人勤，淡泊宁静，质朴天成。若以北京为经，珠穆朗玛峰为纬，云和恰在两线的交汇处，是国家级生态县、全国平安县、中国木制玩具城。全县面积约989平方千米，辖3镇3乡4街道，总人口约13万（截至2020年12月）。

　　改革开放以来，云和县坚持"小县大城"发展战略，不断加强基础设施建设，持续推进农民下山脱贫，让农民更早享受、提前享受城市改革开放的成果。

　　随着瓯江流域的水电开发，"下山转移""大搬快聚（治）"的推进，农民离开故土，乔迁新居，他们世代聚居的村落也渐渐消逝。岁月的流逝，使人们越发想起梦中的故乡，想起水下的老家。那缕缕飘过记忆的炊烟是故乡的灵魂，十几年前推倒的老城区、小巷弄常常在你我的梦里出现……

　　为了让这些村落的景观和地方特色文化永远留存在人们的记忆里，县政协组织力量编辑出版《消逝中的村庄》一书。该书主要收录20世纪80年代初至2020年12月底前各消逝村庄的历史概况、人文地理、故事传说及搬迁去向等内容及相关图片，力求图文并茂。

　　为了方便阅读，相关史料按现有街道、乡镇表述习惯为序，将"水库淹没""大搬快治""下山脱贫"中城市建设和正在改变面貌的村落，分别纳入"水下老家""梦中小巷""山里炊烟"三部分，以自然村为准。本书尽可能多地客观介绍原来村落的风貌，也融入了更多爱乡爱土的真挚情感。但由于时空跨度较大，加上编纂时间较紧，尤其是20世纪80年代消逝的村落图片，很难收集完整，有错误一定在所难免，敬请读者予以谅解。

2021年10月

/ 消逝中的村庄 /

水下老家

夜 带来璀璨的星月

揽住成双的帆

远处暮暮青山

如墨成影

我在岸边

披蓑而钓 希望

钓起水下的老家

一

局村，属浮云街道，原局村乡政府驻地。位于县域中部，县城东北面，距县城5.91千米，海拔110米。地处浮云溪与龙泉溪汇合处东岸山川谷地，与山潭和溪口两村隔水相望，"离城十五别乾坤，溪水双流即局村"。1988年，因建设石塘水电站需要，库区蓄水，村址部分被淹没，村民后靠建居，村名沿用。曾是古今水运埠头，抗日战争时期，是龙泉溪航管机构驻地。有丽浦线经过，水陆交通方便，曾为云和县主要的商品物资集散地。局村依山傍水，可谓"石镜岩明悬渡口，烛峰翠耸映柴门"。

据史料载：局村古名谷村，又名竹村。《刘氏宗谱》记载：刘氏始祖士业公，由中寿宁之区，徙居云和局村之地。村内至今保留有清时古建筑局村禅岩寺。每年有省级非物质文化遗产瓯江水上蛟龙节活动。附近有佛禅圣地慧云寺。（清）吴士华有诗："青山才曙雨才收，烟树蒙蒙锁渡头。忽听一声鱼棹响，前滩惊起白沙鸥。"

三潭，位于县域北面，东隔龙泉溪与局村自然村相望，海拔110米。地处石镜岩脚下，聚落沿东山麓临溪呈块状分布。境内航运颇为方便，村民历来靠航运为主。因村建山脚下，村南龙泉溪中有个深水潭，又名山潭，村民叶姓为主。1988年，因建石塘水库需要，库区蓄水，村民整村搬迁至原云和镇各村。

　　（清）王德为有诗："溪边古渡号山潭，峰接五龙远脉含。石镜岩珠明月落，牛头烛顶白云参。鱼塘碧水流山北，鹤岗孤松挹斗南。樵子高歌滩声送，村前雨落径荒三。"

赤石，位于县域西部，赤石乡中部，龙泉溪紧水滩水库以南，距县城12千米。村舍南依山麓，北临龙泉溪。木船竹筏上通龙泉，下达丽水、温州，是瓯江上游航运的主要停靠码头。

1942年抗日战争期间，在此驻有赈济会，办有省难民工厂，建有织布、酿造、发电、铁工、炼油等行业，规模较大，收容各地难民数千人。

1984年，因建设紧水滩水电站需要，水库水位高涨，村址被淹没，村民外迁丽水碧湖、水阁、富岭、石牛、新合及本县原小徐、沙溪等地。部分村民后靠。现该村旧址已成库区水域。

近代著名史学家、鉴赏家、书画家、法学家余绍宋有诗道："赤石嵯峨徒绝壁，倒挂银河泻寒碧。即之如雾又如烟，灌莽阴森翠欲滴。亟招胜侣加品题，莫令山灵嗟不遇。重游归后遂感通，苍茫指我留题处。"

上官坑，属石浦行政村。位于县域中北部，紧水滩水库大坝下游，紧水滩镇东南5千米处，海拔115米。地处龙泉溪北岸，临溪建，聚落于山麓南，村四周林木茂盛。清康熙年间，王姓从双港迁此建村。据《王氏宗谱》记载：始祖王氏嘉迭公，福建永州安溪县人，因明末闯王起事，揭家居云和双港，裔孙兴公居木垟，照公迁居上官坑。翌当时独处草茅，风月为友，水竹为邻。1988年，因建石塘水库需要，库区蓄水，村址被淹没，大部旧址已成库区水域。村民部分迁往原云和镇巧云、山脚等村。

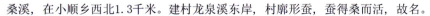

桑溪，在小顺乡西北1.3千米。建村龙泉溪东岸，村廓形蚕，蚕得桑而活，故名。

　　畈头，原属小顺乡麻厂行政村。位于县域东北部，龙泉溪东侧，距小顺乡0.6千米。因村建小顺畈东北首取名。1988年，因建设石塘水电站需要，村落被水库淹没，村民大部分外迁原云和镇。

　　戈头，属小顺行政村。位于县域东北部，距小顺村西南1.2千米处，海拔110米。清同治《云和县志》卷三称大溪（龙泉溪）流经小顺一段为戈溪。因村处戈溪滩头，故名。1988年，因建设石塘水电站需要，村址被淹没。现村民背靠虎头岩，沿水库东岸山麓建村，沿用原名。丽浦线公路经村西。

　　隔溪山，位于县域北部，原大源乡南部，在县城西北11千米处。村建龙泉溪北岸，隔溪山东麓，与龙门隔溪相望，村以山得名。1984年，因建设紧水滩水电站需要，村落被水库淹没。

　　龙石，位于县域东北，海拔110米。位于局村北1.5千米龙泉溪石塘水库北岸，沿山麓临溪而建，村建于龙石坑口。清雍正年间，张姓从天堂坑分居建村于此。村附近有锰、钨、锌等矿。1988年，因建设石塘水电站需要，库区蓄水，大部旧址已成库区水域。村民部分迁往原云和镇大徐等地，部分后靠。

规溪，在双港东北1千米。《括苍金石志》称"龟溪"。地处龙泉溪西岸台地上，与规溪亭隔水对望，人渡相通。村以溪得名，因"龟"与"规"近音，雅称规溪。规溪《叶氏宗谱》记载："一湾溪水妙如规，角带回环定不移。隐约画图为半壁，完成天象俨单眉。村墟沃阔人烟茂，习俗淳良风景熙。最爱书声遥接处，宦家累累步桑田。"

金水坑，1978年水电部在金水坑兴建紧水滩电站。1979年动迁村民，移居岗上，村名沿用。清同治《云和县志》记载，金水峡有大、小金水二滩，金水今名紧水。

　　渡蛟，位于县域北部，原大源乡南部，潘山头南0.5千米处。一条蜿蜒的小溪坑经村流向龙泉溪，形似蛟龙，人们出入都要经此涉渡，故名。1984年因建设紧水滩电站需要，村落被水库淹没。

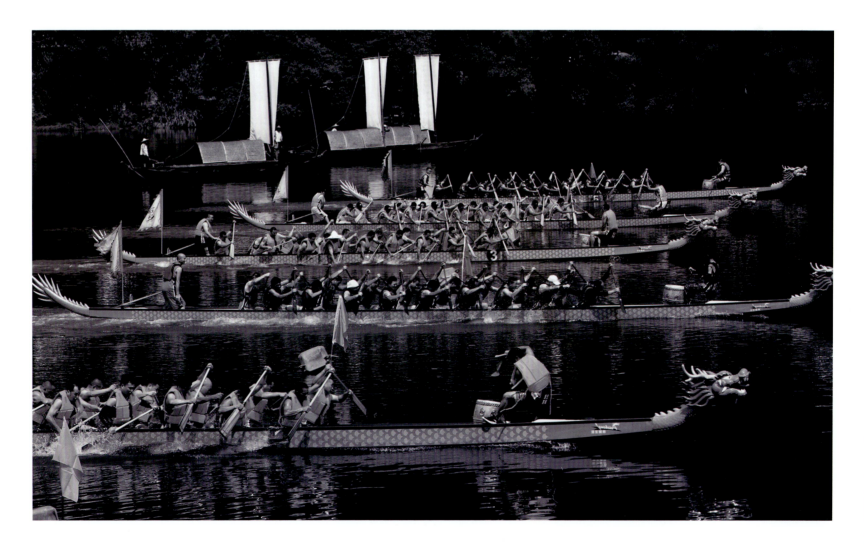

　　麻垟，在黄岗西南6.2千米。清代季氏祖先最先由龙泉迁来，在小溪坑西岸建村，初名"西溪"，溪边有沙圩宜种芝麻，取名"芝溪"。1912年，沙圩地被洪水冲毁，小溪坑改道，村民改迁东岸建村。境内有夏洞天（又名仙人洞、龙儿洞），供奉"龙母娘娘柳姑婆"的龙母殿就在此处。

云和县大源乡原大牛村全景
1983年冬摄

　　大牛，在潘山头东北2.3千米，清朝同治年间张姓始居，村边有一条溪坑，发源于牛头山，长达7.5千米，称大牛坑，村以坑得名。

　　麻厂，在山后西6.3千米。清道光年间建有苎麻作坊，故名。现原址被淹，村庄后靠，村名沿用。

　　瑞滩，位于县域中北部，紧水滩镇以南偏西部，山后西南3.7千米，紧水滩镇西南4.8千米处，海拔205米。村东西靠山，小坑由北向南，经村入龙泉溪。明初，饶姓开基。小坑和溪汇合处的溪滩名西滩，村以滩得名，明末填坑造田，后裔昌盛，改名瑞滩。

　　1984年，因建设紧水滩电站需要，村落被水库淹没，村民后靠高坡，迁至新址，沿用原名。村有百岁坊，建于清道光二十年（1840），面额题"升平人瑞"四字，四柱三间，坊基为长石板条所铺，古朴壮观。20世纪80年代，因建紧水滩电站，百岁坊移至菖蒲垄村青龙头原紧水滩中学校园内。民间相传，有位叫饶玉干的人，只有一个独生女。饶玉干50岁时，挑着一担箩筐到女儿家养老。箩筐的上面装着换洗的衣服等生活用品，可是底部却藏着他一辈子的积蓄，有银子、有田契、房契等。到女儿家后，他随手把箩筐搁在楼角里，女儿女婿也不知箩筐里装的是啥。起初女儿还是挺孝顺的，可是日子一长就露馅了，嫌东嫌西。饶玉干受不了这口气，便挑着放在楼角的箩筐回家了。路上，他碰到一位寡妇，两人一见钟情，坠入爱河。结婚后，他俩恩恩爱爱，相敬如宾，日子过得风生水起，红红火火。由于心情舒畅，饶玉干活到100岁。饶玉干过世后，官府还拨款给他立了"升平人瑞"的牌坊。"升平人瑞"牌坊是古代尊老优老的标志。"人瑞"又称"百岁人瑞"，指100岁以上、德高望重、受人敬重的人。

滩下，在双港西南2千米处，龙泉溪西岸。

上村，在小顺西南3.3千米，龙泉溪北面。

　　湖滨，位于县域东北，龙泉溪石塘水库东岸，海拔110米。村处石塘岭西面山麓，丽浦线经村过。1988年因建设石塘水电站需要，原上麻厂、下麻厂、畈头3个自然村被淹，部分村民后靠，建村于石塘水库湖边，得名湖滨。

上麻厂，位于县域东北部，小顺乡中部，龙泉溪东侧，距小顺0.8千米处。始祖刘氏从江西省南丰县古竹村迁此建村，以种苎麻为业，搭厂（即人字形茅草寮，俗称"观音厂"）而居。村处沙圩地，曾种植苎麻，设加工苎麻作坊，分上、下村，村处上首，故名上麻厂。

下麻厂，位于县域东北部，龙泉溪东岸，距小顺乡0.6千米处。村处上麻厂下首，故名。1988年，因建石塘水电站需要，村落被水库淹没，村民大部分外迁原丽水市碧湖镇和本县原云和镇、沙溪乡等地，部分后靠建湖滨村。

　　滩头，位于县域东北部，距小顺乡西南2千米处。村处龙泉溪北岸溪滩上，故名。1988年，因建设石塘水电站需要，水库水位高涨，村落被淹没。部分村民迁移水库南岸湖边村居住，后按村民习惯更名为枫树湾。

　　大源口，位于县域东北部，龙泉溪石塘水库西北侧，距小顺乡西北1.7千米处，海拔110米。为黄庄、横山头等村民至小顺出入的渡口。因村建在大溪（龙泉溪）西的两条坑汇合处，故名。1988年，因建设石塘水电站需要，村落被水库淹没，部分村民后靠建居，仍沿用原名。

营盘，位于县域东北部，石塘水库南岸，距小顺东北3.4千米处。据清同治《云和县志》记载：石塘军营，在县东石塘上里许俗呼水营盘，康熙间惠献贝子福喇塔破闽贼故垒，今为民居。村名系因清时，曾驻扎兵营而得名。

相传清康熙年间，耿精忠叛乱，耿军数万人进军云和，见石塘村后山坳中有一片宽阔之地，四周高山环绕，进出口乃狭长走道，形势险要，易守难攻，实为天然营盘。即派兵从西郊之金村拆来砖木，据险建造营盘，共设寨栅六十多座，数败清军，住扎三年之久，百姓深受磨难。战后百姓重建家园，利用原营盘基地建造住房，后来形成村落。1988年，因建设石塘水电站需要，营盘整村被水库淹没，村民外迁莲都区碧湖镇。

　　续莫圩，位于县域东北，龙泉溪石塘水库北岸，距小顺乡3.4千米处，海拔110米。昔日续姓在此开基，村前有一大块圩地种麻，"麻"与"莫"在云和方言谐音，故名续莫圩。相传该村盛产的"糖梨"，远销温州等地。1988年，因建设石塘水电站需要，村原址被淹没，村民后靠建居，仍沿用原名。

　　山边，位于县域东北部，龙泉溪以东，距小顺乡南0.2千米处。村建丽浦线南侧小山边，故名。1988年，因建设石塘水电站需要，村落被水库淹没，村民外迁原丽水市碧湖镇居住。

长汀，位于县域东北部，龙泉溪石塘水库北岸，小顺乡西南2.9千米。海拔110米2处。1988年，因建设石塘水电站需要，原长汀村址大部分被淹没，村民后靠建村或移民丽水等地。后靠建村仍用原村名。据《太原郡王氏宗谱》卷一祠堂记载："始祖讳良仅公在明代自闽汀武平徙居。系移用福建长汀（古名汀州）之名为村名。"自王氏定居后，徐氏从永康迁入，渐成村中大族。

"十三五"以来，村镇开拓创新，利用地势湖景，"无"中"生有"建起远近闻名的"长汀沙滩"，办起民宿农家乐，改善人居环境，提升居民收入。

　　小顺村，位于县域东北部，龙泉溪石塘水库东岸，丽浦线经村西北，海拔114米，境内交通方便。古时小顺村为沿溪重要码头，村名亦以龙泉溪流经戈溪段溪水顺缓慢而得。旧称小顺镇，清同治《云和县志》卷二称小顺为"小顺街"。明泰昌元年（1620），叶姓迁此建村，后陈、曹二姓在康熙年间先后迁入。1988年，因建设石塘水电站需要，村落被水库淹没，小顺村民移居原址东250米大坑与打劫坑汇合处建村，村名沿用。境内有宋古墓葬正屏山墓地、过风峡墓地。

　　（清）端木国瑚游小顺时写下："村绿半山水，花开春韭齐。行田随白鹭，比屋听黄鹂。月出衣砧静，云归展路迷。不教挂帆去，凉梦绕藤溪。"

　　抗日战争时期，小顺为浙江省重要的后方军工生产基地和"经济试验区"。1938年春，小顺村建立浙江省铁工厂第一厂，有职工千余人，月产步枪千余支。1939年4月，中共中央军事委员会副主席周恩来以国民政府军事委员会政治部副部长的身份，赴小顺视察，向铁工厂工人作"抗日救国"形势报告，对巩固发展统一战线，激发工人抗日热情，具有深远影响。其间，陈嘉庚来小顺慰问铁工厂的工人，冯雪峰在此疗伤写书，潘天寿在当时办在小顺的国立英士大学（浙江省立战时大学）任教，大批社会名流汇聚于此，留有多处革命遗址。

　　现在的小顺村为爱国主义教育基地，省级农家乐特色村，乡村振兴样板村。

　　隔溪，位于县域东北部，距小顺乡西北0.7千米处。村处龙泉溪西岸，与小顺村隔溪而望，故名。1988年，因建设石塘水电站需要，村落被水库淹没，村民外迁原丽水市碧湖镇居住。

　　北溪，在小顺乡北面2千米。建村于龙泉溪北岸，以溪得名。据《北溪王氏宗谱》记载："王姓六世嵩公次子元公登宋祥符间进士，宰福建延平使，辽北归授处州刺史，生三子善、孝、良，分居龙、云、松三邑。仲子惟公卜居云和柘野（今之后山村头一带）。至十六世秉德公于乾隆初年卜徙北溪。"有村景诗："漾涧深水滩头溯，白鹤仙山照锦川。东山象肖笀篱然，西号马鞍自昔传。最喜南屏千古在，常同北岸四时鲜。一街矢直屋相连，二水交流在眼前。古庙巍巍宜自古，乔木森森护涧边。"

033

埠头，在朱村东1.1千米。原称水运埠头，在龙泉溪西岸，与渡船头隔溪相望。

渡船头，在双港西1.1千米。在龙泉溪东岸，与埠头隔溪相望。

下官坑，位于县域北面，位于局村西1.1千米，地处龙泉溪北岸。据《朱氏宗谱》记载："清乾隆年间，朱姓从江西迁此建村。"1988年，因建石塘水电站需要，库区蓄水，村址被淹没，大部分旧址已成库区水域。村民部分迁往原云和镇瓦窑、程宅、巧云、山脚。

石塘，在双港西南4千米。龙泉溪汇角，谷口有座孤山，名为："龙亭山"，山水潋滟，形成深潭，故名。

石塘水电站是瓯江上游的二级电站，是我国第一座全自动化电脑控制的电站，与紧水滩水电站东西雄踞在县境北部。据石塘《顾氏宗谱序》记载：石川扼山川之险要，揽云境之咽喉，昔时曾守成以御不测，法至备矣！山岩突起，四面凌空，飞阁耸峙，山巅松桥，虹枝掩映。北临深渊，桴棹往来如织，鲤鳜游跃自如，南沿烟户，屋脊起伏如波，鸡犬喧声不绝，暇时凭窗四望，不觉心旷神怡，别开生面。

双港，距县域东北20千米。地处龙泉溪南岸，丽浦线西侧，水陆交通方便，因村后有两条溪港环流，故名。

石浦，在局村西北3千米。据传石浦村原系龙泉溪淤积的沙石溪滩。彭、叶、张三姓迁此开田建屋，取名"石富"，后演变为今名。

　　龙门，位于县域中北部，龙泉溪南岸，海拔130米，依山傍水，与原大源乡隔溪相望。据载：汤姓八世祖，于南宋末年由龙泉石笏村徙居龙门定居，南宋绍兴十五年（1145）进士，三任尚书左仆射(即宰相)——汤思退就是龙门人氏，故龙门又称汤侯门。《汤侯门夏氏宗谱》记云："昔村砻空寨扼其水口，纱帽岩据其上游，山脉发自鹿角尖，住屋朝方山岭，村旁有狮、凤、虎、鲤四山，并两寨双桥柳岸苍松八景为村中胜迹，骚人墨客常留题咏。"

　　1984年，因建设紧水滩电站需要，村落被水库淹没。全村316户1468人移民丽水和本县小徐乡、沙溪乡等地或投亲。小部分村民后辈。

龙门八景

（清）夏奠邦

（一）龙门跃鲤

潜藏水国满江春，几度乘雷欲化身。莫道游鳞无价值，龙门一跃出风尘。

（二）凤翅摩云

凤凰鸣矣在高岗，那得高岗似凤凰。讵料山灵多毓秀，凝成双翅欲飞翔。

（三）寐狮献爪

沉睡千年似欲醒，伸开巨爪显奇形。休言山岳无知觉，人杰还须问地灵。

（四）伏虎腾腰

前山雄壮号山君，坐镇龙门迥出群。且看欠伸浑欲起，满林摇撼啸风闻。

（五）双桥列象

盈盈一水涧中过，欲渡无如病涉何。幸得双桥平似砥，世途从此不风波。

（六）两寨凌空

两峰矗立各西东，高插云霄四壁空。毕竟龙门多胜景，故教山寨斗雌雄。

（七）松林听月

苍松百尺几纶秋，一片涛声云外流。夜起扶筇倾耳听，可人明月正当头。

（八）柳岸观风

一片垂杨烟雨中，丝丝不断怯迎风。啊依罢钓支颐看，无数杨花复西东。

　　饭甑垄，位于县域西北部，龙泉溪西岸，山后西南5千米处，海拔130米。梓坊坑经村前入龙泉溪，属河谷地带。清中叶建村，因村前渡口边有岩石两座，形如蒸食炊具饭甑，故名。1984年，因建设紧水滩电站需要，村落被水库淹没，村民外迁。

　　插花殿，位于县域中北部，原龙门乡北部，龙泉溪南岸，山后西南2.5千米处。清嘉庆年间，村境建有插花殿。村以殿得名。1984年，因建设紧水滩电站需要，村落被水库淹没，村民外迁。

　　相传，先秦时期有个皇子打了败仗，逃到瓯江边的桃花村，敌军紧追不舍。皇子躲进一座小屋，求救于一位十六岁的姑娘。姑娘见男子端正俊气，不像坏人，情急之下让王子脱下衣帽，躺在自己的"凉床"上盖上被子，假装自己的丈夫生病，逃过了敌军的搜捕。王子作别后，桃花村流言蜚语四起，说姑娘"伤风败俗"。姑娘性格刚烈，受不了委屈，夜里写下绝命诗："天负红颜不遇时，受人讥讽被人欺。今宵一死酬公子，彼此清白天地知"，投江而死。后来皇子获胜，登上皇位，得知姑娘的死讯，泪流满面，当即下令在当地修造庙宇，因姑娘是黄花闺女，圣命不供香火，只能插花祀奉，是为插花殿。

　　梓坊，沿溪而居，位于县域中西部，紧水滩镇西南部，龙泉溪紧水滩水库东岸沿溪谷地，山后西南5.6千米处，海拔120米。相传，建村时后山脚有一棵古梓树，村民奉为神树，建庙祀之，故得名梓坊。1984年，因建设紧水滩电站需要，各村落被水库淹没，村民外迁丽水，部分村民后辈。原村境内有宋、元、明龙泉青瓷窑遗址，清代古建筑梓坊村夫人殿，近现代重要史迹及代表性建筑梓坊村张氏宗祠等。现设有梓坊码头。

　　蒲潭，位于县域东北部，龙泉溪南岸，距小顺乡2.1千米处。村舍倚山傍水，鹰岩对峙，蒲草成潭。《陇西李氏宗谱》记载："云和县治东三十里，有村背山临流，枕南面北，溪道逶迤，屈曲成潭，名之曰蒲。"1988年，因建石塘水电站需要，村落被水库淹没，村民大部分外迁至原丽水市碧湖镇，部分后靠。

　　麻车岗岭脚，位于县域东部，云坛以北偏西面5千米处，丽浦线公路及石塘水库南侧。1988年，因建石塘水库需要，村址被淹没，村民搬至麻车岗村。

规溪亭，在双港东北1.5千米处。因村与规溪隔水相望，古建有一亭，称"圆亭"，规溪村民因摆渡往返，晴雨憩息，故改称规溪亭。

　　木吉寮，位于云和县域西北部，紧水滩镇西南部，龙泉溪紧水滩水库西岸，山后西5.7千米处。清雍正年间，一户挖木杓者搭寮建居，故名。1984年，因建设紧水滩水电站需要，村落被水库淹没，部分村民后靠高坡建村，村名沿用。

/ 消逝中的村庄 /

梦中小巷

是谁

将我的胃从梦中叫醒

让我总想扒开脚下走得不再

经意的路

再吻一下那曾经被岁月洗得

镜子一样的石板

还有梦里的小巷

二

红光，位于县域中部，县城中北部新建路以东、浮云溪以北。村民主要聚居于县城新建路以东、浮云溪以北的浮云街道辖区内，也有部分散居其他街道。新中国成立前称前铺、沙冷铺，新中国成立后建立六、七行政街，1958年公社化时称一、六连，1961年改为红光。辖区内地势平坦，依山傍水，环境优美，海拔130米。境内有市级非物质文化遗产云和板龙。2019年5月，红光村撤村改居，红光自然村村民就近纳入当地社区管理。

前巷，位于县域东部。1986年版《云和县地名志》记载，村于云和东，咫尺为邻。后与红光自然村合为一村。因县城建设，2009年起，前巷片区实行整体拆迁，村民安置县城各地。

2013至2014年，前巷片区3.1万平方米拆迁地建成东邻府前路，南倚浮云小区，西接红光路，北靠后溪东路，解放东街东西向横贯前巷小区。清代王士玢有诗《前巷春云》："一轮花里藏，双港柳前溅。满径封白云，时闻喧水碓。"

　　上前溪，位于县域中部，凤凰山街道东南面，地处白龙山街道辖境北部，县城中部，浮云溪南岸山坡下，海拔135米。前溪村沿山北麓临浮云溪聚居，城南路经村北，分上、下村，村处上首。因浮云溪又称前溪，故村以溪和所处上首位置得名上前溪。上前溪东邻新建南路，南接山，西倚马鞍山路，北靠城南西路。1942年，浙江省政府盐务局驻此。2019年5月村改居，下辖上前溪自然村村民就近纳入箬溪社区管理。

　　下前溪，位于县域中部，浮云溪南岸山坡下，海拔135米。沿山北麓聚居，城南路经村北，分上、下村，村处下首。因浮云溪又称前溪，故村以溪和所处下首位置得名下前溪。下前溪东邻县体育场，南倚山，西接县文化宫、元和广场，北靠城南路。2019年5月，下前溪自然村村民就近纳入元和社区管理。2019年6月因棚户区改造，下前溪居民点拆迁，居民就近纳入居住地社区管理。

巧云，位于县域中部，凤凰山街道东南部，县城中北部，新建路以西，浮云溪以北。新中国成立前称街头铺、西街铺；新中国成立后建立第二、三行政街。1958年公社化时称四、五连。1961年体制下放时用红、勤、巧之意改称巧云生产大队。1984年6月政社分设后改称巧云村。村民聚居县城解放街西段为主。境内保留有清时古建筑三仙宫门楼和近现代重要史迹及代表性建筑民国朱山凸中山纪念林碑。2019年5月，巧云村撤村改居，下辖巧云自然村村民就近纳入解放社区管理。

　　西坑边，位于县域中南部，县城南面。北接瓦窑新村，海拔149米。沿东山麓聚居，分上、下二村，上村为董姓聚居，下村为华姓聚居。

　　据《陇西董氏宗谱》记载："城南西坑边董氏，为汉江都董仲舒之后。唐宋以来，代不乏人。可稽自怀阳公于明季时，由福建龙岩卜居于此。"下村华氏，系自闽之汀州、上杭，至华五公由青邑南田郑殿后，迁居于此。因村建安溪水之西，故名。

　　仙坑，位于县域南部，县城南面，黄水碓村东南3.8千米处，海拔380米。村处白龙山南坳小溪坑北侧，沿山麓。仙坑水发源于东南山湾中，有小路可通芝畈村。因村处山清水秀，风景幽雅，犹如仙境的山坳，故名仙坑。2004年整村搬迁，原址已无人居住，现搬至芝畈村。

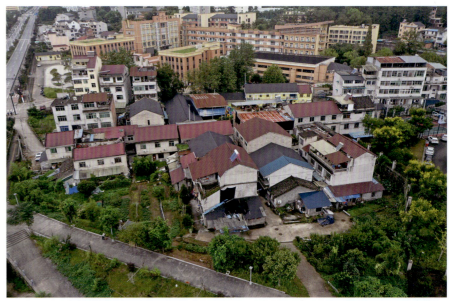

　　瓦窑新村，位于县域中南部，县城南面，南倚西坑边，北靠梅山根，海拔149米。20世纪80年代，因紧水滩电站建设，紧水滩、龙门等移民迁此建村。2019年5月村改居，下辖瓦窑新村自然村村民就近纳入箬溪社区管理。

　　和友，位于县域中部，白龙山街道北部，县城中南部，海拔123米。沿田畈聚居，与黄水碓自然村隔安溪溪相望。1988年石塘水库库区长汀、北溪，局村乡山潭村部分村民迁此建村。以和睦友好之意取名。2019年5月，和友自然村民就近纳入黄水碓社区管理。

　　瓦窑，位于县域中部，白龙山街道北部，县城南部，复兴街东西向经村而过，海拔140米。村沿南山麓临田聚居，安溪水自南流经村东。村北与云和县中等职业技术学校、云和中学相连。清乾隆年间，林姓从小徐迁此建村，以制砖瓦为业。

　　《林氏宗谱》记载："因公姓林名元土，举乡饮宾，钦赐九品，赠登仕郎。先考国茂公，由小徐迁黄水碓，再卜居于此，以陶为业，因名其居曰瓦窑。"抗战期间，国民党浙江省主席黄绍竑公馆建于瓦窑村山岗，并有季宽游泳池和水利发电站。

大坪，位于县域中南部，县城南端，白龙山西麓，黄水碓村东南1.7千米处。古时此处系一片较平坦宽阔的山地，故名大坪。清咸丰年间，蓝姓在此建村。后梅姓从小徐村迁居于此。2011年村改居，大坪自然村村民就近并入箬溪社区（现为大坪社区）管理。县第三期农民下山脱贫建村于此，为"街乡共治"一典范。

云和大坪闻日本投降口占二首

（佚名）

夜半俄闻敌已降，起来颠倒着衣裳。
惊疑醒作还家梦，失措欢如中疾狂。
何意忽能逢此日，从兹不必滞他乡。
八年锋镝余生在，莫向崦嵫叹夕阳。
不图意见九州同，翻觉无颜论成功。
赋废江南哀且止，捷闻蓟北善旋终。
双丸原子匡天下，一合诸侯宴海东。
决胜如斯真意外，深惭献语未能工。

移居大坪

（佚名）

世乱居无定，重迁至大坪。坂宽观略豁，水洁气为清。
避地邻难择，逃名计未成。白龙如有意，为作不平鸣。
宅广嗟荒落，辛勤补葺难。诛茆滋卉木，开牖纳峰峦。
汹汹将奚适，皇皇且苟安。南溪桃亦盛，姑作武陵看。
轩窗俯清涧，曲折认云泉。雨后欣看瀑，霄深疑在船。
长吟鉴逸响，高卧悦安禅。也似山阴道，湍流替管弦。
志局初开创，羁栖喜自随。丛残珍故纸，货殖重村耆。
野获堪征信，山堂且拾遗。嘤鸣时有和，不必叹流离。
同人谋丽泽，旅宦当居家。福利原如此，清廉岂有加。
漫嫌学圃鄙，相率并耕夸。我亦伤迟暮，东陵且种瓜。

潀口，在黄水碓南1.9千米。地处坑边，安溪与仙坑汇合口，故名。

龙雁湖，在黄水碓南2.5千米。原紧水滩水库库区龙门乡移民新建村，移民自喻大雁南飞，在董家山麓里湖、外湖定居，故名龙雁湖。

芝畈，在黄水碓东南2.4千米。村建芝畈后，以畈得名。

勤俭，位于解放街中段。新中国成立前称司前铺、中街铺，新中国成立后建立第四、五行政街。1958年公社化时改用军事编制，称二、三连。1961年改称勤俭生产大队。1984年6月政社分设后改称勤俭村委会。

象山，位于县域中部，县城东北面，地处浮云溪北侧谷底平原象山畈，地势平坦，海拔125米。村南临丽浦线即现在的中山东路，北靠象山南麓，与狮山隔溪相望。宋初，陈姓祖先以山形似象建村并取为村名。

据《陈氏宗谱》记载："陈伉，宋初为处州讨击使时因陈璋、田頵猖獗于括，公奉命讨平之，以功擢兵部尚书，封祁国公，官辞侍亲，就第于浮云之睦田，其三子光平公嫡派自端七公观象山形盛万状，前山峰峦拱秀，土地映饶，移居之左，改居象山。又道城东三里许曰象山，人烟辐辏，古树参差，异鸟奇花眩耳夺目，真山静似太古之区也。"可见古时就称福地。故有诗曰："象山峙立对狮山，回抱村庄曲复弯。更喜菱花潭上水，大徐锁钥岁常关。村前翠雍古松杉，竹籁涛声响不凡。如叶小舟三两只，夕阳风静卷云帆。"村内尚留存禹王庙，清时古井两座。2019年5月，与红光村、大徐村合为东门社区，象山自然村村民就近纳入东门社区管理。

　　蔬菜，位于县域中部，原云和镇中部，县城中部，1965年根据城镇人民生活需要，经县政府批准，由红光、勤俭、巧云3个大队抽调人员划出耕地组成蔬菜生产大队，下设4个生产队，村民以种植蔬菜为专业，故名蔬菜。村民散居县城各地。2010年12月，为加快城市化建设，提高城市管理水平，健全基层自治组织，加强城中村的管理和服务，蔬菜自然村村民就近纳入现住地社区居委会管理。

下垟，在局村南1.9千米。地处云章垟畈下面，故名。

　　大田坪，原属云和镇程宅行政村。位于县域南部，县城南面，黄水碓村南2.5千米处，海拔335米。畲族聚居村。村后皆山，沿山麓聚居，村前水田，小路可通芝畈自然村。村处白龙山坳大田坪上，故名。2004年整村搬迁。

　　麻寮，位于县域西北部，海拔128米。村后为山丘，沿山麓分散聚居，村西小道可通梅垄，黄溪水自北流经村东。昔日张姓在此搭寮种麻，故名麻寮。

底庵，在黄水碓东3.6千米。清时建有庵堂，因村建在庵堂后面，故名。

福兴，在黄水碓东3.3千米。1984年新原紧水滩水库库区大源乡田铺村移民至此建村，取幸福兴旺之意，故名。

大处，在黄水碓东北3千米。畲族聚居地。兰姓祖先开基，当时建造一幢九直二弄楼房，故名。

　　垄铺新村，为原垄铺村村委会驻地。位于县域中南部，白龙山街道东北部，县城南部，大坪社区大坪下山转移安置小区境内。新村东、南倚白龙山，西与原大坪村相邻，北望丽龙高速公路，因原著铺村属A类地质灾害隐患点，根据县政府安排，2011至2017年垄铺村整村搬迁至此建新村。

　　黄水碓，位于县域中部，县城南面，海拔135米。沿田畈聚居，安溪水沿村西北流过。明末建村，称下寮。因黄姓人在村头建造了一座水碓，遂改名为黄水碓。据《刘氏宗谱》记载："太和公于前明自闽客于浙江处州府云和县六都黄水碓，观山水之胜，足以奇迹，遂筑室而居。"1942年，国民党浙江省政府教育厅办事处驻此。

　　2019年5月村改居，下辖黄水碓自然村，村民就近纳入黄水碓社区管理。村内存有一幢云和县唯一的中西合璧建筑。为实业家、浙江省第三届参议员张焕文故居。建筑为1919年设计修建，占地面积672平方米，门面为欧式建筑风格，门台、柱子、额枋等构件上用砖雕、灰雕手法，雕功精细；内部结构为传统的中式建筑，十二组牛腿雕有竹梅、花卉、人物，花卉格窗、格门图案精美。建筑设计独特，结构紧凑，内外协调，布局合理，有较高的艺术、科学价值。

　　新梓，位于县域中部，县城南面，黄水碓东1千米，海拔150米，沿山北麓分散聚居。1984年，紧水滩库区龙门乡梓坊村移民迁此建村，以新建梓坊之意取名新梓。2019年5月村改居，下辖新梓自然村村民就近纳入黄水碓社区管理。

　　东山头，位于县域中南部，县城南部，海拔147米，沿北山麓聚居。吴姓祖先从福建迁此建村。因处东山北麓，故名。2019年5月村改居，下辖东山头自然村村民就近纳入黄水碓社区管理。

　　东山下，位于县域中部，县城南面，黄水碓东0.7千米，海拔139米。陈姓开基建村，沿东山脚下聚居，故名。2019年5月村改居，下辖东山下自然村村民就近纳入黄水碓社区管理。

大徐岭脚，又称大徐汇角。位于县域中部，县城东北面，海拔120米。村后依山，沿西山麓临浮云溪东岸聚居，与大徐隔溪相望，村南新海线经过。浮云溪自西向东经村西，流经云章注入石塘水库，村西北山岗有氟石矿。清康熙末期，王姓建村于大徐岭脚。大徐岭系通往独山之古道，村以岭得名。2019年5月，大徐岭脚自然村村民纳入东门社区管理。

大徐，位于县域中部，浮云街道东南部，县城东北面，浮云溪以西，与象山为邻，村后皆山，村沿山麓呈块状分布，海拔120米。

据《徐氏宗谱》记载：古名上乔垟，曾名徐村，古属丽水西阳乡。西汉成帝时徐偃王长子宝宗公之苗裔元洎公系江夏太守诰授金紫光禄大夫，因避王凤、王莽之难由海州（今江苏徐州附近）渡江而南寻访诞公遁迹之处，至衢州龙邱（今龙游）灵山，今浙江各属徐氏大半祖之。唐天宝年间洎公五十世孙寅公精射术，好山水，游猎到龙泉，乐其地有林泉之盛，遂买田筑室，家于盖竹地方，是为徐氏入括之始，历五世至审公官拜银青光禄大夫，至唐公、详公、喜公三兄弟于后周显德初年（953）卜筑丽水西阳乡上乔垟，后改徐村，即今之大徐。
清同治《云和县志》卷八：云和一名椤林，宋初以乡多椤木，故名。始有徐氏，宋朝天圣时详公四世孙百世公，正六品衔，分居云阳乡之南洲（即今小徐）为小徐地方肇基之始祖，又历一千余年，始徙居徐村为大徐，世孙分迁南洲后改称小徐。2019年5月，大徐自然村村民纳入东门社区管理。

　　吴家，位于县域中部，元和街道西部，县城东部，狮山景区西南，海拔126米。新坑水自南流经村东，小坑水自南流经村西，两水汇合于村北。明朝景泰年间，吴姓祖先从福建古田迁此建居。村以姓得名。地处古坊村南，与古坊自然村咫尺为邻，故别名"里古坊"。村境有近现代重要史迹及代表性建筑白垟墩村饶氏宗祠。2019年5月，吴家自然村村民就近纳入狮山社区管理。

小徐，古名南洲，位于县域中部，元和街道西部，县城东部，海拔125米。浮云溪自西向东流经村北，安溪水自南穿村东南。

据《徐氏宗谱》记载："古丽水云阳县，有一风景特佳，文运早启之大乡里，安水拱其前，黄溪护其后，东南毗连仁里，西侧遥接云城，古人就景定名称曰'南洲'，想亦兼取《道经》'南瞻部洲'之义，以证其为乐境也。"宋天圣朝祥公四世孙，钦授正六品职衔，百四公又从大徐分居云阳乡之"南洲"，为开创小徐之始祖。始祖徙居徐村，世孙分居"南洲"。后俗称徐村为大徐，南洲为小徐。至前明天启朝徐姓独居二十余世，并无异姓夹杂村内。明崇祯末年，林姓从福建龙岩州迁入本村。康熙耿乱后，梅、叶、陈、吴、阙、王、魏、刘、兰九姓接踵而至。徐氏居此已有三十余代，迄今有一千余年。村内保留有小徐书院、小徐村五侯圣王庙、小徐村87号民居等清代古建筑。

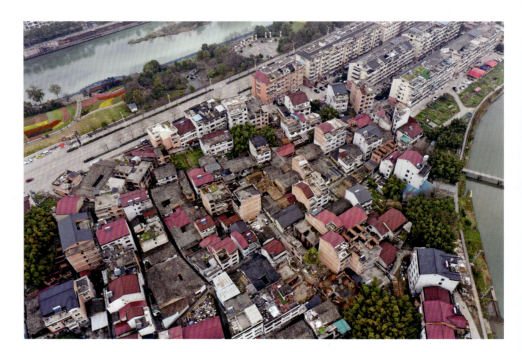

贵溪，位于云和盆地西部，丽浦公路南侧。抗日战争期间，国民党第三战区兵站总监部云和办事处曾驻此。

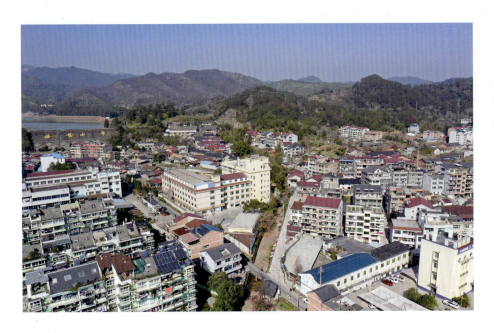

梅垄口，在沙溪东北3.4千米。地处丽浦公路北侧，梅水口水口，故名。

白水，在云和镇西郊0.5千米。因村建在浮云溪北岸白水砾桥头一带，故名。

沙溪，在县城西5千米。清顺治年间，林玉廷从福建迁居溪南沙圩地上建村，故名沙溪。抗日战争期间，浙江省防空司令部曾驻此。

沙溪村景诗

（佚名）

绿野青山景最鲜，溪河活水漾街前。

人烟稠密饶华厦，石笋峥嵘胜大田。

鲤欲游仍居不动，虎当啸亦恰如眠。

层峦叠嶂从南立，玉带缠腰启后贤。

西郊，位于县域中部，县城西北部，海拔约160米，20纪六七十年代县城内部分居民迁居此地建居。东邻城西路，南接中山西路，西倚梅垄村，北靠舍上山、梅西岭。沿角山（清同治《云和县志》记载：角山，在县治西，双峰高耸，宛如角巾。山北为梅西岭）聚居，有小坑水自西经村向东注入黄溪。早年称角山，后因村处西郊，以所处位置得名。2019年5月村改居，下辖西郊自然村村民就近纳入阜安门社区管理。

舍上，位于县域中部，县城北部，海拔160米。沿舍上山东南麓分散聚居，小坑水自南流经村东，注入黄溪。因村建舍上山东南，以山取名。

新建，在云和域西4千米。1961年5月新安江移民迁居于此。

睦田，位于县域中部，元和街道西部，县城东北部，狮山景区北面，海拔120米。村沿狮山麓，浮云溪东南侧，呈块状分布，溪水自西南经村西北。

据《陈氏宗谱》载："云和浮云睦田，沂流而下，曲溪之右，横山之侧，独峰奇秀，宋银清光禄大夫、兵部尚书陈见之后，颖川郡也。族大而蕃，英才迭出，簪缨继世。原居括苍，后卜居浮云、云坛、沙溪、象山等处。义为敬宗睦族之情，亲亲长长之道，俾子孙虽远而不以途人相视。向者范文公恒有言曰：吾吴中宗族甚众，于吾岂无亲疏，然以祖宗相视，则同出一本，无亲亲疏也，因置义田于左，敬禄俸于族人，以尚族义故也。"故名睦田。村境有县级文物保护单位三处：五代古建筑睦田村喷雪井、明清古建筑睦田村陈尚书庙、清时睦田村65号民居。

洽溪，位于县域中部，县城东面，狮山景区东南，海拔190米。村后皆山，沿坑聚居，洽溪水自南流经村西。清雍正年间，廖姓从古竹分居迁此建居。2019年5月村改居，下辖洽溪自然村村民就近纳入狮山社区管理。

洽溪口，位于县域中部，县城东面，海拔180米。1987年，石塘水电站建设库区移民与部分洽溪村村民迁此建村。因村建洽溪的水口，故名。

龙欣，位于县域东北部，狮山景区西侧，海拔123米。浮云溪自西南流经村西，聚落沿溪南侧呈块状分布。1988年邻近居民陆续在此建房，形成新村。因建村适逢龙年，取龙年欣欣向荣之意为村名。

狮蛟，位于县域中部，县城东部，狮山景区南侧，海拔145米。聚落三面环狮山，西邻青阳花苑，沿狮山坳聚居。1983年紧水滩库区大源乡渡蛟村移民迁此建村。因地处狮山南麓，故名。2019年5月村改居，下辖狮蛟自然村村民就近纳入狮山社区管理。

凉亭下，原属元和街道白垟墩行政村。位于县域中部，县城东部，海拔131米。临田畈聚居，村南为商贸物流城，若溪水自南流经村东南。清嘉庆年间，叶姓从云章迁此建村。古时村建凉亭边，故名凉亭下。

外山背，在黄水碓东北2千米。1964年新安江移民新建村，地处西山背。

　　古竹，位于县域中部，元和街道西部，县城中部，海拔131米。安溪水沿村自西南向东北流，云和三中坐落村东溪畔。明代廖氏由闽漳徙县之南，以碧水环前，翠竹列后，景美古朴得名。聚落沿安溪南北两岸呈团块状分布。

　　据武威郡《廖氏宗谱》记载："廖氏承宪偕弟承灵于明崇祯年间，由闽漳宁林徙县之南古竹庄，因地景美，碧水环前，川流不息，翠屏列后，四序长春，屈指三百余年。"村内保留有清时古建筑古竹村土地庙、社稷庙、廖公墓土地庙禁碑。

　　2019年5月，下辖古竹自然村村民就近纳入元和社区管理。

　　古坊，位于县域中部，县城东部，狮山景区西南，海拔124米。临田畈聚居，小坑水自西向东流，浮云溪自西沿村北向东流。清康熙年间，林姓从云和城内迁此建村。古时村前建有牌坊，故名古坊；村坐落牌坊内侧，又名外古坊。1942年，浙江省政府建设厅驻此。2019年5月村改居，下辖古坊自然村村民就近纳入狮山社区管理。

　　白垟墩，位于县域中部，县城东部，海拔126米。约清嘉庆初年，林姓从小徐迁此建村。村南有一座土丘，古名白杨墩，后演变为白垟墩。保留有明代水井及洗台、两处清代古建筑。2019年5月村改居，下辖村民就近纳入小徐社区管理。

里东塘，位于县域东南部，临田畈聚居，海拔140米。约明代末年，林姓从云和分居于此建村。因村处外东塘里首，故名里东塘。2019年5月村改居，下辖里东塘自然村村民就近纳入小徐社区管理。

交杯山，位于云和县域中部，县城东面，海拔140米。村后皆山，沿山麓及洽溪北岸聚居，村南为商贸物流城，洽溪水自东绕村西南。清光绪初年，林姓从古坊迁此建村。因村建交杯山下，以山得名。2019年5月村改居，下辖交杯山自然村村民就近纳入狮山社区管理。

金溪，在黄水碓东北3.1千米。金水坑移民新建村，因近洽溪，故名。

外东塘，原属元和街道白垟墩行政村。位于县域中部，县城东部，海拔140米。临田畈聚居，小溪水自南流经村西。明代末年，林姓从云和分居于此建村。分里、外两村，村处外首，故名外东塘。

西山门，位于县域中部，县城东部，海拔100米。东邻和润园，南倚外山背，西、北接复兴街。1983年4月因建设紧水滩电站需要，原龙门、大源、赤石11户45人迁此建村。地处西山门口，故名西山门。2019年5月村改居，下辖西山门自然村村民就近纳入狮山社区管理。

东蛟，位于县域中部，县城东部，东塘外村田湾，海拔140米。1983年紧水滩水库建设时渡蛟等村移民在此建村，故名东蛟。2019年5月村改居，下辖东蛟自然村村民就近纳入小徐社区管理。

　　马家，位于云和县域中南部，白龙山街道北部，县城南部，黄水碓自然村南，与黄水碓自然村咫尺为邻，海拔136米。沿田畈聚居，安溪水经村西。原系叶姓开基，称叶村，后马姓迁此居住，改名马家。2019年5月，马家自然村村民就近纳入黄水碓社区管理。

　　梅山根，位于县域中部，白龙山街道北部，县城南部，复兴街以南，海拔142米。沿东山麓聚居，安溪水自南流经村东。因村边有一座梅端相公殿，村建山脚下，故名。2019年5月村改居，下辖梅山根自然村村民就近纳入箬溪社区管理。

　　魏家，位于县域中南部，县城南面，与黄水碓自然村咫尺为邻，海拔135米，沿田畈聚居。据魏姓碑记：清康熙己未年魏姓建村，故名，因村建黄水碓村上首，又名上村。

底塆，在黄水碓东3.2千米。地处白龙山北麓，大山塆底部，故名。

箬寮，在黄水碓南1千米。开基建村时用箬蓬盖寮，故名。

山脚，在黄水碓东南2.2千米。地处白龙山北麓，属丘陵盆地。清乾隆年间，雷姓祖先在此开基。因村坐落于白龙山脚，简称山脚。

九家庄，在黄水雅东2千米。1984年，原紧水滩水库库区大源乡大牛村移民新建村。

　　腾寮，在黄水礁东2.6千米，畲族聚居村。地处白龙山北麓，村呈长方形，原名长寮，当地方言"长"读"腾"，后演变为腾寮。

　　陈家村，在黄水礁东南3千米。以姓得名。

新殿垟，在云和镇北面2.5千米处。昔有佛殿，因村建在新殿宇前的田垟边，故名。

杉坑岭，位于县城北1.5千米，畲族聚居村。清同治《云和县志》记载：杉坑岭在县治北5里，夹道多绿杉，下临绝壑，深窅无际。村以岭取名。

坳头，在黄水雄东南2.1千米，畲族聚居村。村建白龙山西南坡，山坳岭头，故名。

旧貌与新颜

龟山远眺云和县城（1981年）

龟山远眺云和县城（2021年）

城南远眺云和县城（1986年）

城南远眺云和县城（2021年）

云和二中（1981年）

云和二中（2021年）

江滨小学（1985年）

江滨小学（2021年）

云和县职业技术学校（1987年）

云和县职业技术学校（2021年）

元和广场（2001年）

元和广场（2021年）

中山街原云和二中门口（1981年）

中山街原云和二中门口（2021年）

云和医院（1981年）

云和医院（2021年）

云和车站（1981年）

云和车站（2021年）

浮云路（1985年）

浮云路（2021年）

/ 消逝中的村庄 /

山里炊烟

老牛驮着夕阳
沿着如炊烟一样的小路
嗅着熟悉的炊烟味道
不再眷顾路旁的小草
只想着
回到安静的牛栏
回到山腰处的小村庄
好想
扑进炊烟的怀抱酣睡
明天再进霓虹的森林
寻找天空的微笑

三

安溪片

上黄处，在后塘西北1.5千米。

西山，在后塘西南1.6千米。据《云和县志》记载，王宸正《西山庵赋曰》："西山庵者，浮云之小兰若也。以其面巽而背乾，因曰西山庵。"村以山得名。

东坑，在后塘东北0.8千米，畲族聚居村。村位于安溪支流东坑边上，故名。

黄家地，在后塘南4.1千米，以姓得名。

林斜，在后塘东北3千米，林斜尖北坳，以山得名。

西坑下，在后塘西南3.5千米。西坑为安溪西支流，村建小坑下边，故名。

对门山，在后塘东北3.9千米。与木樨花村隔水对望，故名。

下村，在后塘北0.5千米。据《洪氏宗谱》记载，明万历十六年（1588），洪姓祖先从括苍芝田阅历关(青田县沿溪)，迁居安溪西岸开基。

后塘，位于县域南，距县城6.5千米。村坐落在佛儿岩东北麓安溪沿岸。

木樨花，在后塘东北4.2千米。明末清初王姓在此开基，后赖姓人迁此聚居，因村后多木樨(桂花)而得名。

上村，在后塘南0.3千米。因村位于西坑下之上，故名。

外村，在后塘南3千米。因村庄处于湖里村外面，故名。

柘园，在后塘东北4.3千米。与木樨花村为邻。

严山，在后塘东3.2千米。公元1616年，雷姓祖先从云坛乡沈岸村迁居严山看守祖坟时建基。

谷垟头，位于县域南部，安溪畲族乡西部，后塘西南面0.7千米处，海拔470米。村处佛儿岩东山麓，沿山麓聚居，安溪水自西南向东北流经村东，村前田垟，村后山岗油茶杂木成林。明弘治年间，蓝姓从龙游迁此建村。村建佛儿岩东麓谷间垟地，故名。2012年村民整村搬迁上村村居住，原址房屋拆除。

三门，位于县域南部，安溪畲族乡西北部，后塘西北2.1千米处，海拔300米。沿山麓聚居，村前梯田重叠。清光绪年间，雷姓从下黄处分居于此建村。村处两小山之间，远望两小山恰似两扇大门，故得名山门，后演变为三门。2013年村民整村搬迁至黄处村湖西弄居住。

东城，原名东塍，因同音演变为今名。

下武，在后塘北0.7千米。明代弘治年间兰姓祖先在此开基，因距下村不到250米，相距很近(古称半步为"武")，故名。

马蹄岗，位于县域南部，后塘西南4.4千米处，海拔750米。村处薄刀岗山峰东侧，沿山麓聚居，小坑水自南流经村西向北流。清咸丰年间，吴姓从朱字坝和景宁大均迁此建村。村建山岗上，山岗形似马蹄，故名马蹄岗。2011年村民整村搬迁东岱村居住。

大犇，在后塘西南3.7千米。因村前有大片田，故称大犇。

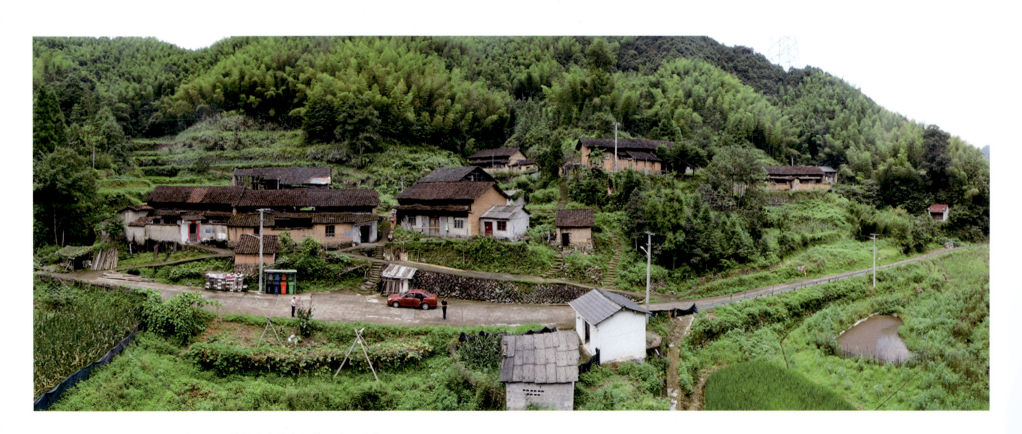

坑头，在后塘东北3.6千米。位于林斜尖东坡龙坑的源头，故名。

下黄处，在后塘西北1.7千米。据《黄氏宗谱》记载，明代万历十七年（1589），黄姓祖先在佛儿岩北坡开基建村。分上、下两村，故名。

湖西弄，在后塘西北2.5千米。东面一畈烂糊田，村建畈西垄坞谷底，故名。

山寮，在后塘东0.8千米。畲族于清朝从福建迁移此地搭寮种山，后发展成村庄，故名。

潘山头，原大源乡政府、渡蛟村村委会驻地。在县城北部12千米，渡蛟坑东侧，地处海拔188米以上的山坳之中。1984年因建设紧水滩电站，移民新建居民点，以山得名。

外斜，在潘山头北2.4千米。以地形得名。

瓦窑背，位于潘山头西北6.1千米。昔有瓦窑，故名。

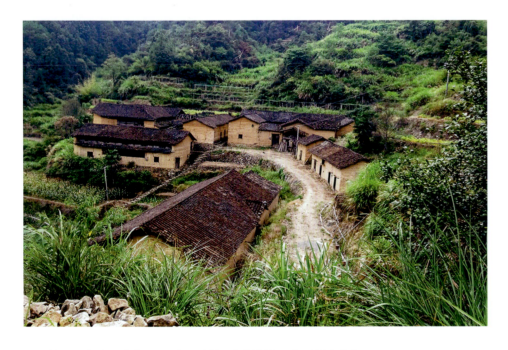

塆里，在潘山头北3.9千米。以地理位置得名，与石桥头为邻。

吴家，在潘山头西北3.1千米。吴姓始居，以姓得名。

桥头，在潘山头北2.7千米。村建石拱桥，故名。是步行至松阳县的要道。

大南山，在潘山头西北6.3千米。乾隆元年（1736），祖先从渡蛟迁居，又名高栋。村舍坐落在大南山东南坡，以山取名。

山后，在潘山头东北1.3千米，鸡母寨后，以地理位置而得名。

过水大，在潘山头北3.4千米。有一条小溪坑流经村庄，故名。（"过大"方言是经过的意思）。

老屋基，在潘山头东北4.2千米。

黄垟，在潘山头北4千米。与小子坑为邻。

朱坑，在潘山头东北3.8千米。村以坑得名。

方山岭，在潘山头北5.9千米。以山岭得名。系通往松阳县的捷径要道，抗日战争时，日军在此被阻击溃退，疯狂报复，血洗松境。

坑尾头，在潘山头西北6.5千米处。因村舍坐落在渡蛟坑尾而得名。

兰蓬，在潘山头西北6千米。清嘉庆年间，王姓在此开基，种植靛青，取名兰蓬。

经堂下，在潘山头西北7.7千米。清乾隆年间，在菖蒲尖东南，建有一座观音佛经堂，村建其下，故名。

田铺，在潘山头村西北2.9千米。相传明朝时王姓从福建迁此垦荒，在田边搭草铺居住，故名。

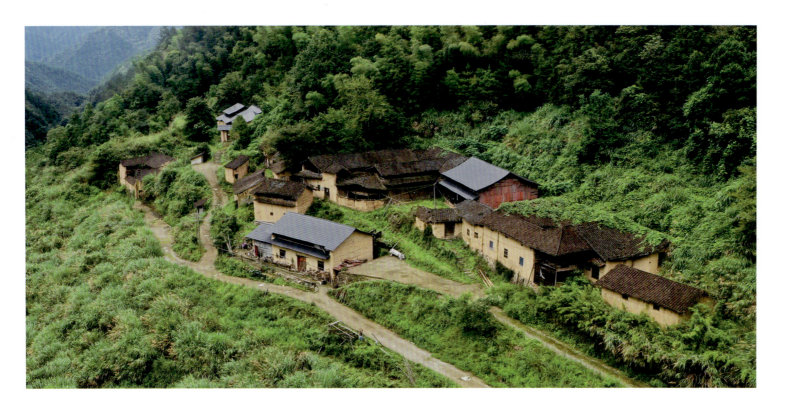

踞龙坳，在潘山头西北5.2千米，莲花山南坳。以山得名。

莲花山，在潘山头西北5.3千米。以山得名。

小阴坑，在潘山头西北4.7千米。以坑得名。

坳背，又名打石坳背，在潘山头西北5千米。因地形而得名。

上螃蟹坑，在潘山头西北6.5千米。坑中山蟹多，故名螃蟹坑。分上、下两村，以坑得名。

半屋后，在潘山头西北4.9千米。

艮子背，在潘山头西北5.6千米处。

园段，在潘山头西北4.4千米。

仁子石下 ，在潘山头西北7千米。村前有巨石，形似杏仁（俗称仁子），故名。

田寮，在潘山头东北3.8千米。与朱坑为邻，因祖先开基时搭寮创业，故名。

隐庄垟，在潘山头西北4.7千米。

垟后，在潘山头东北1.8千米。清朝开基桥头坑东侧，村舍坐落在一片较宽阔的田垟后面，故名。1984年建设紧水滩水库时被淹没，除外迁，后靠迁至村左山坳里。

上后庄，又名老屋。在潘山头西北3.8千米。因村建在老屋基后面，故称后庄。

垟头，在潘山头北3千米。在桥头坑东侧田垟上首建村，故名。

双坑，在潘山头北1.5千米。1984年建设紧水滩电站，移民新建居民点。

双坑口，在潘山头西北1.5千米。村建在两条溪坑汇合处，故名。1984年建设紧水滩电站时被淹没。

下螃蟹坑，在潘山头西北5.3千米。

桃子坑，在潘山头北4.8千米。溪坑沿岸昔多桃树，以坑得名。

石桥头，在潘山头北4.2千米。地处小坑两侧石桥头，故名。

曲桥，在潘山头西北3.9千米。早年村边建有一座曲桥，因名。盛产油茶籽。

弯头，在潘山头西北4.4千米。以地形得名，与曲桥为邻。

徐湖，在潘山头北5千米，方山岭南坡。清代徐姓开基。因村南有陨石湖，故名。

坟山，在潘山头西北0.5千米。山上多坟墓，以山得名。1984年建设紧水滩电站时被淹没。

杨梅坑，在潘山头东0.4千米。建村时溪坑两岸杨梅树茂密，以坑得名。

大叶塝，在潘山头北2.9千米处。以山塝得名。盛产油茶籽。

门大丘，在潘山头北4.3千米。

周山寮，在潘山头西北4.5千米。相传周姓祖先在山上搭寮开基，故名。

山脚下，在潘山头西北5.1千米。地处大南山东麓，半栋岭脚，故名。

横山头，在潘山头北2千米。地处横山岗上，故名。

高胥，在潘山头东北3.3千米。

孟山头，在潘山头东北2.7千米。孟姓开基建村，以姓得名。

周山岗，在潘山头北3.1千米。周姓开基，在桥头坑东侧，坐落在山岗上，故名。

大源，在潘山头北3.2千米。与黄弄为邻，桥头坑是条较大坑源，地处深谷，故名。

下后庄，在潘山头西北3.6千米。村首有一伯公庙，故又名伯公头。

松阳田，在潘山头西北4.7千米。该地有一片田垟，背为松阳人所有，故称松阳田。

局村片

金竹畚，在局村北5.7千米。地处山畚，金竹繁茂，故名。村南建有金竹畚水库。

高山下，在局村北4.4千米。村建高山南麓，故名。

岗后，又名金鸡坑，在局村北5.8千米。因村建在大木岗后，故名。

烂浆湖，在局村西北8千米。因村边有几丘烂田，故名。

重阳门口，在局村西北7.3千米。因开基太公为重阳郡，故名。

坑头，在局村西5.2千米。地处天堂坑的发源地，故名。

黄泥弄，在局村西北3.7千米。村建在龙泉溪北岸，黄泥山谷口，故名。

里寮，在局村西5.6千米。位于杨家山外寮内村，故名。

际坑，在局村西北4千米。以坑得名。

外香炉尖，在局村西面4.5千米处。

吾思岭脚，在局村西北3.5千米。因村建于吾思岭脚，故名。

源头，位于县域中部，县城北面，局村西南3.3千米处，海拔375米。村后皆山，村前有梯田，沿山麓聚居。民国初年，张姓从天堂坑迁此种山、种田建居。因村建梅家源坑的发源处，故名。2008年整村搬迁至梅家源新村。

上村，位于县域中部，县城北面，局村西南1.7千米处，海拔280米。村后皆山，村前有梯田，沿山麓聚居。约清康熙初年，蓝姓从泰顺汀步头迁此建村。村建庄前村上首，故名。2008年整村搬迁至庄前新村。

菖蒲垄，在局村西2.8千米。地处观音岩北麓，山垄谷口，昔日沿坑丛生石菖蒲，故名。

刘家，在局村西北3.3千米。刘姓祖先开基建村，以姓得名。

青龙头，在局村西北3.4千米。因地处飞凤山东麓，山脉蜿蜒，形似青龙而得名。

许家，位于县域中部，县城北面，东邻后门坑，南接庄前新村，西倚上村岭，北靠金家。清雍正十年（1732），庄前人多地少，许家太公从江西省南昌市南丰县忠良村迁庄前开荒建基。以许姓取村名。1954年庄前村归局村乡管辖。1992年并乡，归属云和镇。2011年9月划属浮云街道。2016年整村搬迁至庄前新村。

上村，在局村西南1.7千米，畲族聚居村。

下三望潭，在局村西北4.6千米处。

木垟，又名睦垟，在局村北0.9千米。村后群山绵延，村前田垟一片，昔日林茂粮丰，故名。据睦垟《王氏宗谱》记载："邑东谷溪去局村里许，有聚落曰木垟，两山夹道，风景天然。中有膏腴数百亩，由屏风岗下，沿石壁滩而止。其间松竹蓊翳，桑麻媲美，胜区也。昔有三槐王氏，文兴公于明季时由双洲（双港）迁居于此。"今丽浦公路穿村而过。

枫桶岗，系村委会驻地。在局村北7千米处。因村坐落在山坳之中，村前有一座山岗，水口有一株古老大枫树，故名。

　　莲塘，系村委会驻地。在局村北5.2千米。据传明万历年间，村有三口种植莲子的水塘，莲花茂盛，故名。

　　下大木岗，在局村北6.5千米处。因村建在大木岗山西坡而得名，分上、下村，此为下村。

　　毛山，在局村北6.5千米。与毛山岗南北相望，以山得名。

　　乌弄坑，位于县域中北部，紧水滩镇东部，海拔190米。村建山峡深涧间，聚落于坑水东西两侧。两条坑水自北流汇于村北，又沿村向西南流。清代康熙年间，叶姓从汤侯门迁此建村。因村形似弄堂，小坑水穿村而过，故名。因属地质灾害B类村，2017年村民整村搬迁至水口自然村居住，原址房屋拆除，土地复垦。

　　黄泥弄，在局村西北3.7千米。村建在龙泉溪北岸，黄泥山谷口，故名。

庞垟，在局村西5.5千米。

外寮，在局村西5.3千米。建村时是个山寮，因在杨家山里寮外村，故名。

对家斜，在局村西4.9千米。

溪口，在局村西1千米。紧水滩公路穿村而过。地处龙泉溪南岸与浮云溪汇合处，故名。1966年新建浙南制药厂所在地。《刘氏宗谱》记载有溪口览景诗："一片平堤望眼迷，云山满目四方齐。弯弯曲曲村中路，绿绿黄黄郭外溪。绝顶峰头人罕到，高崖枝上鸟频栖。新晴好对风光丽，时有蒲帆直挂西。"

杨家山，在局村西5.2千米。杨姓开基建村，故名。《南阳叶氏宗谱》记载有题杨家山村景诗："四面青山合抱遮，中央辐辏是人家。踞蹲兽石驰心骇，咫尺云城望眼奢。"

祖师殿，在局村北7.7千米。以殿得名。

坳背村，在局村北7.5千米。因村建在山坳的岗背上，故名。

仓房村，在局村西北7.7千米。此处原是长汀财主藏粮用房，故名。

云章，在县域东北3.8千米。据《南阳郡叶氏宗谱》记载："云之成章者，曰庆云。庆云者，盛世文明之象也。叶氏所以名其居曰云章。"云章叶氏世居湖州溪，南宋时迁居于此，因名其地为小溪。据宝祐乙卯（1255）中顺大夫知处州府事茂陵马光祖《小溪记》云："括丽水之上游，有乡曰允和，又曰浮云，距郡城仅四舍之地。人物蕃萃，号为名区。群山之巅，雾积云瀞，攒红沓翠，若图画然。其间有小警溪，独峰蹲伏于中州，二水环罗于左右。夹岸奇峰举光，远者如笔格，近者如笔峰，崭然出于云表。四时佳气氤氲葱菁，或聚为孤影，或散为五色，千态万状，变化无穷。为雨为阳，应居人之占候。此盖山川之灵气，翕聚而成章者也，民居其间，后负崇岗，其势蜿蜒。盖自高而趋下，旁观若偃月之状。乔木硕茂，蓊蔚如云。当春花之繁，霜叶之灿，皆郁然可观。此盖景物之繁华，错综而成章者也。由其地灵人杰，故贤达彬彬辈出，读书尚礼，俗美风淳，花萼联芳，朱紫相继，此盖人物之英秀，著见成章者也……"

鹤口源坑，又名鹤浦。在局村东南2.1千米。《云和县志》记载，柳鹏举有诗《鹤渚秋风》："仙禽浴罢起平沙，勾引西风振水。天籁九皋声里远，夕阳千里影中斜。凋残堤柳经霜叶，吹老汀芦作雪花。尾上三层莭尽卷，遥看疑是杜陵家。"

　　柳家田，位于县域中部，县城东北面，局村东2.7千米处，海拔345米。地处局村与小顺村边界处山岗，四面环山。清康熙年间，钱姓祖君明公自杭州钱塘县凤山门外大埠迁居云和二都长田经铁为商。雍正年间，长子富生公移七都尖竹畲，次子文生公迁柳家田开基创业。因由柳姓开田建村，故名柳家田。后柳姓人迁云和经商，钱姓迁此定居，沿用原名。2012年整村搬迁至云章。

　　龙庄，位于县域中部，县城中南部，古竹东南山麓，海拔135米。1984年紧水滩电站水库区龙门村移民迁此建村。以龙门徙居新建村庄之意取名龙庄。2019年5月村改居，下辖龙庄自然村村民就近纳入元和社区管理。

　　南流，位于县域中部，县城东北面，局村东1.9千米处，海拔275米。清道光年间，胡姓开基祖从永康石柱迁此建村，村民胡姓为主。村内有一条坑水自北向南流入鹤口源坑，故名。2012年整村搬迁至云章。

朱宇坝，在局村西2千米。

张家，在局村西南5千米，张姓祖先开基，故名。

黄坑口，位于云和县中部，县城东北面，南与象山为邻，北与大徐接壤，海拔135米。村后靠山，沿东山麓聚居，庄前坑水流经黄坑，自北向南经村南。约清乾隆中期建村，村民褚姓为主。源垄湾谷口、庄前水流经黄坑，在黄坑口与大徐渠道汇合，村处坑口，故名。2019年5月，黄坑口自然村村民纳入东门社区管理。

黄坑，位于县域中部，浮云街道中部，县城北面，局村南2.3千米处，海拔160米。在黄坑东西两侧聚居，坑西靠山，公路北通庄前，南至县城。约清嘉庆年间，许姓从庄前分居于此建村。因村前有一条叫黄坑的小坑，村以坑得名。

天堂坑口村，在局村西1.8千米。地处天堂坑的出口处，故名。

吾思岭，位于县域中北部，紧水滩镇东南部，金水坑东南3.5千米处。清同治《云和县志》卷三载："吴四岭在县北二十里，俗呼鸬鹚岭。"后谐音演变为吾思岭，村以岭得名。该村与吾思岭脚原为两个村，1980年建造紧水滩电站时，吾思岭脚村民住房向上首迁移，与吾思岭村合为一村，以吾思岭为村名。

大王庙，位于县域中部，县城北面，局村南2.3千米处，海拔265米。村后皆山，村前梯田，聚落沿山麓呈块状分布。约清同治年间，叶姓从云章分居于此建村。因村前有座平水大王庙，以庙得名。

145

庄前，在局村西南2.5千米处。"田畈"俗称田庄，村建畈前，故名。

河坑村，在局村西南4.6千米。以坑得名。河坑村张景魁，辛亥革命时期曾参加攻克南京天堡城战役，任敢死队队员。民国元年（1912）四月，浙江省都督蒋尊簋赠给张景魁勇士头等开国军功勋匾"有勇知方"一块。

上岗山，在局村南1.6千米。在山岗上建有章岗庵，村以庵得名。

梅家源里村，在局村西南3.4千米。梅姓祖先开基，因村建在山坞坑里，故名。

天堂坑，古名齐家坞，在局村西3.4千米。《云和县志》记载："天堂岭在县治北，岭上桃花千树，开时烂若云霞，飞泉界道，流水可以泛觞，游者拟诸天台。"

香炉尖，在局村西4.3千米。万山拱峙，独耸云端，形似香炉，而村建于东坳，以山得名。

麻地田，在局村西3.5千米处。因祖先在麻地边开田建屋，故名。

梅家源外村，在局村西南3.8千米。

马蹄湾，位于县域北部，紧水滩镇中西部，紧水滩水库西北岸，金水坑村西南5.4千米处，海拔270米。1984年瑞滩村部分村民后靠山麓建村，聚落呈点状分布。此处原称麻地湾，因方言谐音演变为马蹄湾。因交通不便，2009年村民整村搬迁至县城居住，土地复垦，房屋拆除。

半栋，位于县域西北部，紧水滩镇西北部，潘山头西北5.8千米处，海拔600米。沿山麓散居，村周围杉木成林，小坑水自西经村南向东流。村坐落在大南山半腰，故名。根据县"大搬快聚富民安居"工程部署，整村搬迁在实施中。

大湾，位于县域中北部，紧水滩镇东南部，局村西北1.9千米处，海拔225米。村处上岭岗背山峰南麓，村前有梯田，村周围山岗林木茂盛。清咸丰年间，张姓从石浦迁此建村。村建上岭岗背南坳山湾，以地形得名。因山间小道交通不便，村民外迁。

水口，在局村北3.5千米。地处乌弄坑的水口，故名。

雄臼窟，在局村北4.5千米。因地形得名。

铁炉后，在局村北4.6千米。村建在古铁炉基后，故名。

处基村，在局村西南5.4千米。昔建居在古屋基上，故名。

清明湾，位于县域中部，原云和镇北部，县城北面，局村西南1.8千米处，海拔275米。村后靠山，沿山麓聚居，东靠山，西与庄前自然村相邻，西北至上村，小道经大王庙可通县城。约清同治年间，叶姓从上岗山迁此建村。2008年整村搬迁至庄前新村。

菖岱，属凤凰山街道河坑行政村。位于县域中部，县城以北偏西处，海拔470米。村后为山坡，村前为梯田，沿山麓聚居。清光绪年间，蓝姓从局村溪口迁此建村。因村处山坳，菖蒲丛生，故名。

樟树下村，在局村西南4.6千米。村建沙山西麓樟树下，故名。

新寮村，在局村西南4.6千米。原由老闲分出建村，故名。

坑口，在局村西北6.2千米。因位于山坑出口处，故名。

库北片

外南洞，在磨石坪东北1.9千米处。南洞片村最外村，故名。

水口背头，在磨石坪东北1.8千米处。在水口上村，故名。

担布坑，在县域西北17.5千米。地处四面环山的山涧谷地，两条小坑在村口汇流。据传，昔有客商在小坑边建屋定居，故名。

李家，在磨石坪东北2.5千米。地处石腐顶北坡，南洞中心村。以姓得名。

大丘田，在磨石坪北2.6千米。以田得名。

水口，在磨石坪东北2.1千米处，地处南洞水口，故名。

莲花山，在磨石坪西2千米。山塝合聚，形似莲花，以山得名。

新田岗，在磨石坪东北1.9千米。村民在山岗坳地垦荒创业，故名。

　　山望排，位于县域以北偏西部，紧水滩镇西北部，潘山头西北7.5千米处，海拔770米。沿山麓分散聚居，村前有梯田，村四周杉木成林。乾隆初年（1736）王增山从福建迁此定居。山望排山海拔898米，在此可眺望松阳、莲都、云和三县（区），故取村名为山望排。该村是"红军挺进师会议"的一个重要旧址。村境有清时古建筑山望排村社殿。

横路背，在磨石坪东2.6公千米。

夫人庙背，在磨石坪西0.5千米。山脚大路边有座"马氏天仙夫人"庙，村建庙后山背，故名。

新进排，在磨石坪西北1.3千米。清朝邱姓从闽徙居。地处峰峦重叠，古松参天的横排路上首，原称松针排，后因方言近音演变成新进排。

坳子，在磨石坪东3千米处。在高山东坳，故名。

书堂下，在磨石坪东2.7千米。古有书堂(即学校)，村建下首，故名。

夫人庙对门，在磨石坪南0.6千米。与夫人庙隔水相望，故名。

张家，在磨石坪东北3.1千米处。以姓得名。

张家，在磨石坪西南2.3千米处。以姓得名。

刘家，在磨石坪东南2.4千米。以姓得名。

火吉坳，在磨石坪南2千米。地处山坳谷地，村因累次被焚，为祝愿吉祥之意，故名。

黄泥岭，在磨石坪北1.5千米处，梓坊坑东岸，与店子相邻，以岭得名。

兰蓬，在磨石坪西北2.9千米，兰蓬坳谷口。

坳子下，在磨石坪南1.3千米，梓坊坑西侧。村建坳门下，故名。

何家，在磨石坪南1.4千米。与田塘坑为邻，以姓得名。

店子，在磨石坪北面1.1千米。村坐落在山谷中，梓坊坑上游，沿水两岸。清朝阙姓开基，在此开设小店，故名。

上屋对门，在磨石坪东2.5千米。

下李家，在磨石坪东北2.1千米。

黄家，在磨石坪东北2.7千米。黄姓开基，故名。

外高山，在磨石坪东南2.3千米。村建高山外面一个山岗上，故名。

骑马岗，在磨石坪东南2.1千米。以山岗得名。

艮子背，在磨石坪东南2.2千米。以山得名。

何家，在磨石坪东南1.7千米。与艮子背为邻，以姓得名。

高山脚下，在磨石坪东南2.2千米。

曾家，在磨石坪西南2千米。以姓得名。

外油车，在磨石坪南1.3千米。与大田丘下为邻。

大田丘下，在磨石坪南1.6千米。地处田畈下首，故名。

邱家，在磨石坪东2.5千米。以姓得名。

塘湖，在磨石坪北2.6千米。

龚家，在磨石坪西南2.6千米。全村姓龚，故名。

田塘坑，在磨石坪西南1.5千米。地处金岗山东北，与何家为邻。

野猪湖新屋，在磨石坪东南1.3千米。1965年刘姓在野猪湖西麓建居，因名。

野猪湖，在磨石坪东1.7千米。以地形得名。

磨石坪，位于县域西北，距县城17千米。

油车下，在磨石坪东100米。昔有油车(榨油作坊)。村建下首，故名。

水圳头，在磨石坪东900米。以地貌得名。

沙坝下，在磨石坪北2.5千米。地处汉金坑口。

梅源片

梅源，在县域西南10.5千米。村建山间谷地，依山傍水。

《云和县志》记载，林汪远咏梅源诗："桃源传异境，今复见梅源。树末悬田穗，岩边种野荪。收成宜稻秫，活计足鸡豚。曝背堪图画，持将献至尊。"王九经诗："行行过野桥，前村炊烟静。归鸟喧树间，夕阳淡秋影。林下问樵夫，木落空山冷。

马车后，在梅源东北1.1千米。石姓人从黄源乡白眩村迁入，昔有麻车，故名。

茂墩，在梅源西北1千米，兰姓开基，畲族聚居。村前山墩形似马，原名"马墩"，后改今名。

梅竹，在梅源西南4千米。地处牛角山顶南麓，因村建在梅溪发源地小坑之源头，故名。

墙围底，在梅源西1.8千米。从前村庄建有围墙，故名。

朱源，在梅源北1.1千米。朱姓开基，村前有条小坑源，故名。

上南山，在梅源东南500米。村在南山最高处，故名。

山下墈，在梅源南2千米。与严坑为邻，在碴铺与深坑门二水汇合处的山墈谷地，故名。

金坞，在梅源西北1.9千米。地处金光圩的上首，故名。

柳山头，在梅源西南1.8千米。柳姓人在狮子头山东坡建村，故名。

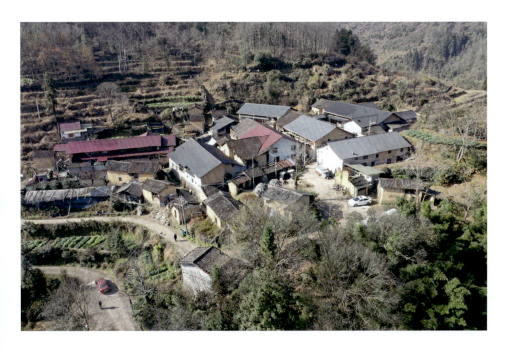

张化村，在梅源西南1.4千米。

严坑，又名岩坑，在梅源南1.9千米。村前有小坑，后演变为今名。

上张化，位于梅源西北2.4千米处，海拔590米，村后皆山。聚落沿半山呈块状分布，北有小溪自西南向东北流入崇溪。清嘉庆年间，商姓从龙泉夏山头分迁于此建村。

南畈，在梅源西北2.5千米。山南有田畈，故名。

高塝，在梅源西北2.3千米。因地形得名。

下岩下，在梅源北5.2千米。

交牙，在梅源北5.6千米。丽浦线经过该村，地处大壅谷底，山水发源于仙眠床，临近临海垟。

柳八户，在梅源西北2.7千米。柳姓八户从柳山头迁此，故名。

下垟，在梅源西1.9千米。相传，祖先在明正德六年（1506），从旱畔迁此开基，村前有片小田垟，村建田垟下首，故名。该村是中国共产党老革命根据地之一，1939年4月，建立中共下垟支部。

门头，位于县域西南部，崇头镇南部，大湾南3.9千米处，海拔800米。村处石桥头坑东，铁炉湾北坡，沿山麓分散居住。2010年下寮村村民下山转移至此建新村。因村处林山下自然村西南，属村后门口，故得名门头。

黄山头，在梅源西南1.8千米。相传，黄姓在山头开基建村，故名。

坳头，在梅源西北1.9千米。1970年，下垟居民分迁于此，在山坳建屋，故名。

栗坳，在梅源西北2.8千米。因村建在栗树坳，故名。清代魏文瀛《栗坳道中》诗："飞泉作瀑石成堆，几处人家隐路隈。云起乍疑岚气合，雨行欣睹雾光开。半天岭势全遮日，廿里溪声不断雷。可惜山亭余败址，息肩空赋陟崔嵬。"

黄地，在梅源北5千米。地处毛牛坪尖东坡，山间坳地，邻近临海垟。

栗溪，别名栗坳坑，在梅源西北2.6千米。相传明万历庚子年（1600），永康县柏石村陈姓来此烧炭，在栗坳下小溪边建村，故名。1938年8月建立了中共栗溪支部。

九鳅落湖，位于崇头镇政府驻地崇头村东北3.3千米处，海拔190米。村处双坑口北面山坳，聚落沿东山坡呈块状分布，西面是山，村东是梯田，与下徐、桂山两村隔坑相望。

黄湖，在梅源西北200米。据传，古称"皇湖"，后演变为今名。

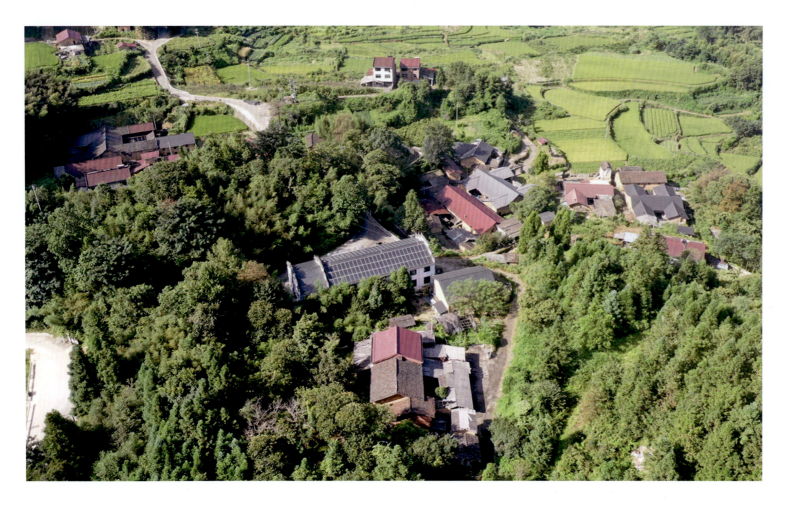

叶家，在梅源东0.9千米。叶姓从朱宅迁南山下开基，以姓取名。

上堂，在梅源东1.1千米。系梅家上堂屋，故名。

下圩，在梅源东0.8千米。村建坑下圩地，故名。

赵善，在梅源西2.2千米。《云和县志》记载，王树英《夏日冒雨至赵善庄留宿》诗："蒙蒙四山雨，地连天与俱。山腰一径通，危磴曲盘纡。竹舆度林莽，雾气沾衣裙。涧落水泉溢，阪田成膏腴。村农荷锄至，蓑笠湿流珠。烟岚互蒙密，远树还疑无。犬向云间吠，屋在山之巅。主人候荆扉，言笑何欢娱。盘飧具鸡黍，深夜醉清酤。下榻小窗前，青灯客梦孤。晓起山日红，风轻迎归途。"

崇头，又名店里。在梅源北1千米处。村建于山间谷地，重（河）沙（湾）公路穿村而过。《云和县志》记载："漂头水口，双峰壁立，一水雷轰，中架石桥，通庆、景二邑，右有将军庙。"

大派，在梅源北1千米。漂头俗名大派，1912年山洪暴发，冲毁部分庄园，灾民开发漂头，村民逐渐移居。

垟里，在梅源北1.5千米。村前有片小田垟，故名。

竹园山，在梅源东北3.2千米。王氏祖先在毛竹山坳建村，村后竹林茂密，故名。

半岭，在梅源北3.7千米。地处稻草垄山西北坡，竹园山的半山岭上，故名。

　　三隔田，位于县域西南部，崇头镇南部，沙铺南7.2千米处，海拔1050米。村处与景宁畲族自治县交界处，聚沿水巢岘南山麓临水坑而居，小坑水经村东北流入梧桐坑。清道光年间，杨姓村民从回龙山到此处种玉米，于山后搭棚建村。因村后有大田一丘分成三块而得名三隔田。

　　对门岗，位于县域中部，凤凰山街道中北部，县城以北偏西处，海拔400米。村后皆山，沿北山麓分散聚居，坑水自西沿村北向东注入河坑。清道光年间，张姓从河坑分居于此建村。因村建源头岗对面山岗，故名。

　　陈朝塆，位于县域西南部，崇头镇南部，沙铺东南6.2千米处，海拔415米。村四面环山，沿北山麓分散居住，小坑水自北向南经村西注入梧桐坑。清同治年间，杨姓从回龙山到此处种玉米，搭寮建村。因村建陈朝观山塆坳地，故名。

仙眠床，在梅源西北4.3千米。传说山上有石平坦似床，袖仙周游至此憩息，故名。

坑根村，在梅源西南2.7千米，牛角山东麓。叶姓祖先开基，狮子头山脚下，漂溪发源地之一。

　　砻铺，位于县域西南部，崇头镇中东部，崇头西南5千米处，海拔680米。村建梅九尖东坡，村后皆山，沿坑南北两侧聚居，南侧居多，坑水自西南向东北经村而过，经严坑注入梅源溪，后沙线经村。明正德年间，王姓从柘野迁此建村。因村处林山坳与尖山坳之间，山形似龙，怪石嶙峋，建居砻谷，故名龙铺，后演变为砻铺。2014年整村搬迁至白龙山街道大坪下山转移安置小区。2019年5月，砻铺自然村并入砻铺居民委员会管理。

　　村里一直有个传说，似乎更是碥铺人的奋斗经历。下村村口有一山岗，远看酷似一匹马，头向着碥铺，匍匐而卧。由里岗背为马头，外岗背为马身相连而成。古时为入村必经之地，人称"马面岗"。

　　相传这曾是一匹神马，晚上醒来，马头朝向崇头方向吃草，而粪便排在碥铺施肥养地，让碥铺成为一块肥地，天亮时又转了回去，让垄铺宜耕宜种。有一天一位神仙路过碥铺，口渴到村口一户人家讨茶喝，主人热情留其吃了中饭。神仙很感激，看到主人家的儿子双目失明，又望了望对门口的马面岗，临别时给了主人一个妙计，可让儿子的眼睛复明。神仙的话，足以让主人家一五一十地照做无误。哪知孩子的病是治愈了，而村里则起下了倾盆大雨，几天几夜，前所未有，山崩石流，冲毁田房无数。

　　村民知道是他们的神马失去了神力。原本土肥草沃的家园已成"石碥之地"，然而碥铺人没有放弃，全村老少在废墟上重建家园，经几辈人的努力，"石碥之地"又重新焕发生机。

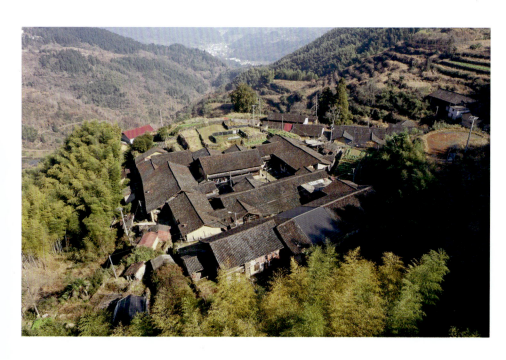

　　吴山，在梅源西南2.5千米。吴姓在山坳开基，故名。

　　上岩下，原属崇头镇岩下行政村。位于县域西部，崇头镇北偏东部，崇头北4.7千米处，海拔520米。畲族聚居村。村处北山东北坡百丈漈岩下。蓝姓祖先在此开基分，上、下村，村处上首，故名上岩下。1997年整村搬迁到下岩下村，2009年两村合并为岩下村。

　　梅家，别名下南山，在梅源东南0.8千米。与漂头遥相对望。村建南山，以姓取名。

　　东坑，在梅源东北1.9千米。村坐落在南山东面的山坑两侧，故名。

外垟背，在梅源东北4.5千米。分内、外村，1964年新安江移民徙此建村。

大蛇塆，在梅源北5.8千米。以山塆得名。

内垟背，在梅源东北4.4千米。

梅九，在梅源西南3.5千米。地处梅九尖北坡，梅姓九世公在此开基建村，故名。

金光圩，在梅源西北2.4千米。昔有陈姓在山岗挖洗铁沙，冶铁致富，村建圩地边，取名金岗圩，后演变为今名。

埠头后，在梅源南1千米。重沙公路经过。村前有条小溪坑，村建溪坑埠头后，故名。

上大丘田，在梅源西北300米。村前有一丘大丘田，故名。

下大丘田，在梅源西北200米。

金山寺，在梅源北200米。《云和县志》记载，古称"金山道院"。后改"金山寺"，村建寺边，以寺得名。现为崇头镇中心小学校址。

垟头，在梅源北4千米。因地形而得名。

许家，位于崇头镇政府驻地崇头村东北3.1千米处，海拔240米。聚落沿后交线西侧呈块状分布，西边靠山，东南与王家自然村隔坑相望。清乾隆末年，许姓从双坑口分居迁此建村。以姓得名。

王家，位于崇头镇政府驻地崇头村东北3千米处，海拔185米。村处稻草袭山西麓，聚落沿山麓呈块状分布，西北与许家自然村隔坑相望。清同治年间，王姓从竹园山迁此建村。以姓得名。

桂山，在梅源北3.6千米处。以山得名。

武岱山，在梅源北2.4千米。以山得名。《云和县志》记载：武岱山，在县西二十里，有禅庵立空翠中，云气四时笼罩。庵前有巨石，高五丈许，坐以观海日之升，凉蟾激射，得光最早，左偏有石髓，石空中沁出，腻如饴白，冬夏不绝。

下徐，在梅源北3.6千米。徐姓在祠堂下建村，故名。

双坑口，位于崇头镇政府驻地崇头村东北3.2千米处，海拔250米。村东皆山，聚落沿后交线西侧呈块状分布，东与下徐、半岭隔坑相望。清乾隆末年，许姓从福建迁此建村。村建在两条小溪坑汇合处，故名。

双港片

东黄，在双港南4千米。

叶村坪，原名月村坪，在双港南4.5千米，畲族聚居村。山坪形似月亮，故名。后因"月"与"叶"方言近音，演变成今名。

下坑，在双港东1.5千米。以坑得名。据《兰氏宗谱》记载："原籍广东潮州谒杨县三十七都者。后迁福建福州府罗源县罗坪里川山大坡头。盖中和二年'黄巢猖獗，'人民星散各州、郡、县。……耿逆一乱，群盗掳掠，有姑祖字千七十一，讳义存公。自福建迁至浙江处州府云和县八都石塘南山居焉。迄今传至二世，子金公迁云邑九都茶园。后迁下坑村。"

坪地，在双港西南5.5千米。将军岗南坳，山间盆地。

老虎头，原名大回垟，在双港北2.5千米，畲族聚居村。在里山坑谷口，溪边垄地，与新田为邻，因山形似虎头，村以山得名。

外东坳，即东坳外村，在双港南3.9千米。

石塘坑，在双港南1.5千米。村庄沿着山坑两岸岩石坡地而建，以坑得名。

底村，原名内村，在双港西南1.5千米。因村坐落在滩下底侧垄坞，故名。

上坪，在双港东南1.2千米。村民原系福建迁居，在小坑源头坳谷坪地建村。以地形得名。

坑坳，位于县域东北部，石塘镇东部，石塘东北1.87千米处，海拔约280米。村处上坪自然村西南侧，沿山麓聚居。因村庄前有山坳，四面环山，故得名坑坳。村民以陈姓、郑姓为主。村民经济以种植茶叶、板栗、油菜为主。2015年村民下山转移上坪新村，原址房屋拆除复垦。

西滩头，在双港西南2.5千米。1765年建村，村坐落在龙泉溪东岸滩头。1985年建设石塘水电站时，水电部十二局工程队驻此。

定岗垟，在双港村南3.5千米，畲族聚居村。

东黄垮，位于县域东北部，石塘镇东南部，石塘东1.8千米处，海拔505米。村处山垮坳谷，东黄村横路下垮，沿西北山麓聚居，故名。村民全部兰姓。

张庄，在双港东南4.7千米。金刚西坡，石塘坑上游，邻近丽水界，以姓氏取名。

靛青山，在双港南1.6千米。1837年村民徙居山上种植靛青，故名。

南山，在双港南5千米，与叶村坪为邻。以山得名。

里东坳，在双港南3.7千米。建村于汤家畲坑东侧，以山坳得名。

新田，在双港北2.5千米。清光绪年间建村，地处里山坑水库谷口，村民在新开垦的田垟边建居，故名。

兰头，原名笼头，在双港南3.3千米。以地形得名。

西坪，在双港西南4.3千米。建村于叶村坪的西边，故名。

大坑底，在双港村南3.8千米，畲族聚居村。位于大坑北岸，与定岗按为邻。

西坑，在双港北2千米。是里山坑支流，以坑得名。

小顺片

北溪坑，在小顺北4千米 。龙泉溪北岸一条小溪自北向东流入龙泉溪，故称北溪坑。村建两岸，以坑得名。

田垄，原属石塘镇大源口行政村。位于县域东北部，石塘镇西南部，小顺西北4.7千米处，海拔500米。村处毛山岗南山坡，沿山麓聚居，村东有梯田。村建山垄梯田边，故名。2007年整村搬迁，原址已无人居住。

雷家半岭，在小顺西北3.6千米，畲族聚居村。以姓取名。

坑口，位于县域东北部，石塘镇中部，石塘水库北岸，石塘西北900米处，海拔110米。1988年，因建设石塘水电站需要，村址被淹，村民后靠于此建居。因村建石门坑口，故名坑口。该村后与续莫圩自然村合为一村。

李家，位于县域东北部，石塘镇中部，石塘水库南岸，石塘西南2.5千米处，海拔135米。村处丽浦线公路东下侧，交通方便，东西山丘油茶成林。1988年，因建设石塘电站需要，库区蒲潭村淹没，村民后靠于此建村。因村民全部姓李，故名李家。

　　高畲，原属石塘镇高畲行政村。位于县域东北部，石塘镇西南部，小顺南1.5千米处，海拔325米。村处虎头岩山东南，大湾坑水库南0.9千米处，聚落沿山坳呈点状分布，与隔山咫尺为邻。明代蓝姓祖先从福建省梅树下村迁云和小葛，后分居建村于此。因村处高山，村民均系畲族，故名高畲。2009年搬迁至高畲新村居住。

　　隔山，畲族聚居村，位于云和县域东北部，石塘镇南部，石塘西南7.43千米处，海拔335米。村处虎头岩山东南，高畲西山岗，沿山坳分散点居。康熙年间，蓝姓从朱村苦槠垄迁此建村。因与高畲村只隔一山，故名隔山。由于村庄附近山体出现干裂，每逢大雨山体灾害频发。2008年起，隔山和高畲两个自然村实行整村搬迁至丽浦线东侧的高畲新村。

　　高段，位于县域东北部，石塘镇东部，石塘坑村南面，海拔245米。村处高山湾，沿山麓聚居，村三面皆为梯田，村后为油茶山。清乾隆年间，雷姓从吕山迁此建村。因村处高山地段，故名。2009年被石塘镇列为旧村改造整村搬迁计划村，村民搬迁至西滩头新村居住。

五担秧，在小顺西北3.5千米。村边有一丘田，可插五担稻秧苗，故名。

岭脚，在小顺东500米。

李思垟，在小顺东南2.9千米。

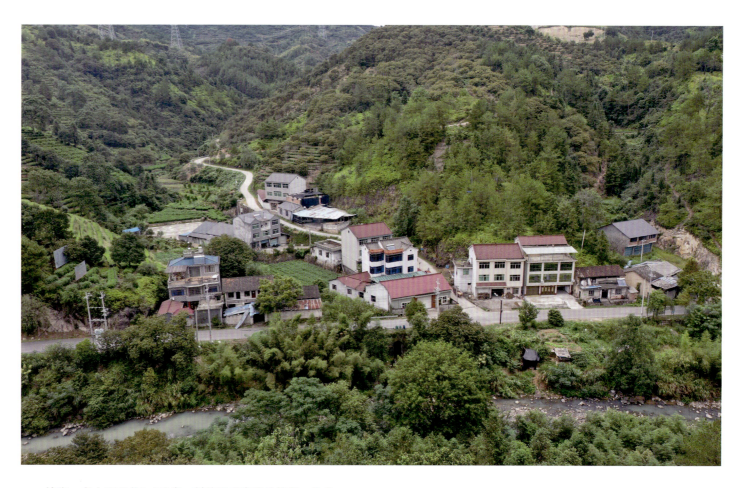

岭脚，在小顺西北2.9千米。村建于雷家半岭岭脚，故名。

小庄，在小顺西北2.5千米。

正坑尾，在小顺西北5千米。因村前有一条小溪坑，河流顺直，坑口建村。俗称河流的上游为头，下游为尾，故名。

毛家墈，在朱村西南2.7千米。毛姓开基，地处石门坑墈谷，故名。

大丘田下，在小顺西北4.4千米。村后有一丘大田，村居其下首，故名。

长坑，在小顺西北3.7千米。村以坑得名。

寨下，在小顺西北3.4千米。清康熙十三年（1674），乡人为避战乱，立寨于山顶，称虎头寨。村建其下，故名。

外坑头，在小顺西北4.1千米。为底坑头外村，故名。

黄庄，在小顺西北2.7千米。村后山土呈黄色，故名。

底坑头，在小顺西北5千米。村建在小溪坑源头，故名。

朱家半岭，在小顺西北4.2千米。以姓得名。

雷家半岭，在小顺西北3.6千米。以姓得名。

坳下，在小顺西北3.5千米。以地形得名。

出水井，又名出水圳，在小顺西北4.1千米。

曾家，在小顺北3.2千米。

车头岗，在小顺北2.8千米。山岗上原建有一座榨油车坊，故名。

小顺堡，在小顺东南1.5千米。意属小顺的小村，故名。

上堂屋，又名老屋基。在小顺西北4.3千米处。

凌家，又名烂浆湾，在小顺西北4.4千米。以姓得名。

沈村片

　　包山，在沈村东北6千米。据《赵氏宗谱》记载：明末清初，阙姓祖先道真公从景宁县梅坑迁此定居。《云和县志》记载：层峦包罗，团围如盎，居民结庐凹处，故称包山。特产为雪梨。

　　泉岱，位于县域东部，海拔820米。地处山坳，村民沿山坳聚居。据《徐氏宗谱》记载，明宣德年间，徐姓从大徐分迁梅湖，清嘉庆十六年（1811），更名为泉岱。2020年整村搬迁至梅湾。清嘉庆进士陈治策（曾任云和知县）登泉岱留有诗句："山涌如连涛，拂曙溯云窟。四围白逢逢，晴光眩芒忽。东溟赤气逗，暾影射高凸。须臾渐了朗，岩头辨石发。晨翳仁豁然，万里承目睫。杳杳眺入荒，身与长空贴。"

　　高窈，位于县域东部，元和街道中部，海拔450米。地处黄岗山东，村沿山坳呈点状分布，四周梯田重叠，树木茂盛。清嘉庆年间，蓝姓开基建村，村民蓝姓为主。因村建黄岗山东、薄刀岗山坳，地势陡峭，山岩突兀，故名"高峭"，后演变为"高窈"。2020年整村搬迁至沈岸村北侧。

　　上湾，在沈村南0.4千米。与沈村隔水相望，在云寿线西侧，中央塆之上，故名。

后寮坑，在沈村东南3.3千米。村民在山后搭寮开基，村建坑边，故名。

半路坟，在沈村东南1.5千米。

田寮，在沈村东南3千米。因祖先在田边搭寮开基，故名。

内苏坑，在沈村南4.6千米，畲族聚居村。相传，明末祖先从安溪村徙居岗头庵，后再迁此居住。以洗铁沙为业，故名沙坑，后演变为苏坑。

金踏下，位于县域东部，原云坛乡中部，沈村东1千米处，海拔200米。村四周环山，沿南山麓聚居，两小坑水汇合于村东，绕村南向西流。清光绪年间，李姓到此开基建村。村处竹坑水口，屋后山呈金字形，且单独凸出，屋建山下，故名"金凸下"。方言"凸""踏"谐音，遂演变成"金踏下"。2008年整村搬迁至竹坑口村建房落户。

中央湾，位于县域东部，原云坛乡西部，沈村南0.5千米处，海拔200米。村后皆山，沿山麓临小坑水点居，小坑水自西流经村北，原S228云寿线（现G235新海线）经村西过，与沈村隔水相望。地处上湾与下湾自然村之间，故名。清乾隆年间，雷姓开基。2009年村民迁到交通便利的沈村下湾居住。

山锦，在沈村东南4.8千米。据《汝南郡梅氏宗谱》记载："邑公系陵公六世孙，瑶公之次子也。自幼明敏，达通地理。慕山水之胜。遍游四野。一日偶游山锦，见其龙高跳跃，回旋盘环，聊可为发祥之所。遂于宋庆历年间偕妻陶氏自浮云采真里黄溪村徙居于此。辟锄草莱，垦复田园，开绿田山，筑室居住。生息繁衍，日渐昌盛，编立天地人三房，遂成巨邑，号曰梅坪。此诚谓人以地传，地因人显者也。续好事者引绳批根，原其本始，复曰山锦。"1942年6月，中共处属特委机关从丽水市北埠转移到山锦领导县委整顿组织，同时筹集武器，准备开展武装游击斗争。

下垟，在沈村西0.8千米，畲族聚居村。地处云寿线西侧，仙姑岩东麓大山垟，有上垟、下垟之称，故名。

李山，在云坛东北9千米。李姓开基，故名。

沈村，在县域东8千米。据《浙江新志》记载，沈睬字景景明，云和人，弘治乙丑（1505）进士，累官山东副使，适"王镗寇发"，势甚猖獗，睬设法剿绝，境赖以宁，未几致仕。据传，后因弹劾奸相严嵩被判斩，灭九族，幸存者改姓埋名，沈睬死里逃生，隐居异乡。原全村姓沈，如今沈村却找不到一户沈姓。

黄金畲，位于县域东部，原云坛乡中西部，沈村东0.8千米处，海拔270米。村后靠山，沿半山腰聚居，村周围山岗杂木成林，原S228云夫线南北向绕村西。清乾隆末年，畲族蓝姓迁此建村。建村时，此地野生植物黄荆遍地丛生，故取村名为"黄荆畲"，"荆""金"方言谐音，遂演变成"黄金畲"。2008年整村搬迁至竹坑口村建房落户。

程里坑，位于县域东部，沈村南3.5千米，海拔290米。地处山湾，沿山麓聚居，小坑水自南经村过，沿坑为梯田。1986年《云和县地名志》记载，因小坑边生长许多"陈梨"（即猕猴桃），在坑边建村，故名"陈梨坑"，后演变为"程里坑"。又一说法为：清道光年间，刘姓开基建村。据传，刘姓太公昔为山锦村牧牛，略有积蓄，在小坑边建屋耕作，取名"勤力坑"，后演变为"程里坑"。

外苏坑，在沈村南2千米，畲族聚居村。地处内苏坑之外，故名。

沈庄，在沈村南4.1千米处。以姓得名。

占竹，在沈村东北2.5千米。清代占姓祖先在此竹山旁边建村，故名。

竹坑，在沈村东北1.5千米。在小坑两岸建村，据《李氏宗谱》记载："李姓祖先行柏公，自明代末年，从福建省寿宁县李长坑迁竹坑坪，后迁此开基。"取竹坑坪和李长坑首尾二字得名。《咏竹坑境地诗》（佚名）："竹坑胜地最堪称，古木苍苍茂万春。白虎左旋峰更美，青龙右绕景弥新。蓝田不亚张公里，紫室还期绛帐人。涧水中流分两姓，百昌争茂胜萍林。"

武垟，在沈村南3.4千米，畲族聚居村。相传，明初祖先从安溪村迁居。因古代六尺为步，半步为武，武垟就是小田垟之意。

月寮，在沈村东北1.5千米。清朝畲民从福建省迁此搭寮开基，因地形像半月，故名月寮。

黄源片

贵庄，在黄家畲西南8千米。村建于海拔1070余米的山坡上。

贵庄口，在黄家畲西南3.8千米。海拔890余米，重沙公路经过，村建在贵庄源水口，故名。

虎爪岗，在黄家畲西500米。坐落于虎爪岗南峦。

水澳头，别名金竹垟，在黄家畲西南2.2千米。处于贵庄水的发源地，故名。

黄家畲，在县城西南18千米。《云和县志》记载，太监局在县西五十里黄家畲，明季内臣管矿税处。地处白鹤仙顶和白鹤尖双峰夹峙的峡谷地带。为重沙公路主要停靠站。

陇西李氏康熙年间由福建汀州上杭县徙此。叶氏于乾隆三十八年（1773），从龙泉富竹坑徙居于此。

据《丰源刘氏宗谱》记载："刘氏祖本丰沛汉都关中，汉之苗裔。括属云封之西，越城四十里许有古乡，山水秀丽，其间杰出贤豪，里居康阜，古荣其号曰丰嘉源。"

丰嘉源《地舆志》载："世间无水不流东，独有丰源回不同。一带青溪西缭绕，钟灵毓秀仰文雄。源泉滚滚绕村西，石巃居然镇碧溪。卓尔槎翁频鼓棹，扁舟一叶刘郎跻。"

磨石坑，在黄家畲北7.3千米。地处杨梅尖西麓，磨石坑东坳，以坑得名。

坑底，在黄家畲西0.8千米。村建在白鹤仙顶南麓，山坑底部，故名。据《陇西李氏宗谱》记载："三都坑底李氏祖维起公，自康熙年间由福建汀州上杭县之太平里迁而家焉。"《咏坑底禹王殿楹杉松竹荫木诗》（佚名）："夏禹神功庇此乡，青松绿竹殿围墙。参差翠色垂千古，左右浓荫护一方。缭绕村中阴甚密，盘桓水口荫非常。前人种作龙鳞老，吾村胜景乐无疆。"

外陈山，在黄家畲北6.5千米，海拔千余米。陈姓祖先开基，分内、外两村，总称陈山。

周村，在黄家畲北1.5千米。周姓开基建村，故名。重沙公路经过。

水碓垟，别名水竹垟。在黄家畲东北5.5千米。地处牛角山顶西麓，村前有水碓，周围是田畈，故名。

岭脚，距黄家畲东北6千米。在坳头北坡，叶垟岭脚，故名。

灯盏窟，在黄家畲南3.2千米。四周群峰峙立，海拔1239.5米。村坐落于高山坳地，形似灯盏，故名。

半岭，在黄家畲东北5.6千米。村建在牛角山岭中段，故名。

牛坪，在黄家畲西南2.7千米。地处高山，草原是天然牧场，海拔1077米，村建草坪边，故名。

下周村，在黄家畲北1.4千米。兰姓居住。地处石柱岩附近，周村下村，故名。

对山，在黄家畲南3.3千米。村建贵庄村对面半山坳，海拔1026余米，两山相对，鸡犬相闻，步行却需一小时。咏对山景诗曰："曙色初升便到峰，四山含旭自笼葱。鸟啼花落春为主，日映溶溶影水红。"

夏家垟，别名夏扒垟，在黄家畲东南1千米。地处海拔1150余米的山垮谷地，夏姓开基，山旮有片山垄田，故名。

　　大垟，在黄家畲南2.5千米。地处海拔900余米的峡谷坳地，重沙公路经过，沿坑建村，村周围有片较大的田垟，故名。

　　荫桥坑，在黄家畲东1.3千米。李姓在荫桥坑尾山间谷地建村，以坑得名。

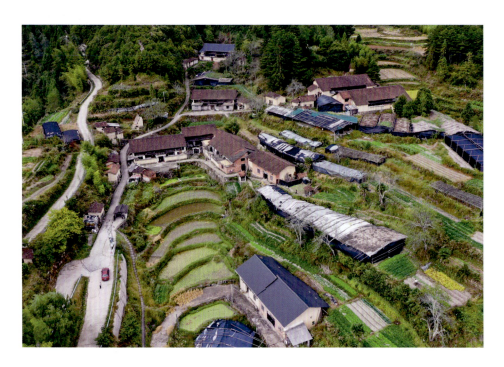

　　狮子头，在黄家畲西南1.7千米。山形似狮，海拔千余米，村坐落于雄狮首部，故名。

　　上坑底，在黄家畲西1.5千米。村建于石古崖背南坳，坑底上村，故名。

陈家垟，在黄家畲北5千米。陈姓人开基，建村于海拔390米的高山坪地田垟边，故名。

烂泥，在黄家畲西南1.3千米。后山有烂泥湖，以湖得名。据《杨氏宗谱》咏景诗曰："文峰秀出豁容颜，烂泥何年命此间。四面青山来掩映，一弯绿水似回环。侯封爵秩从今溯，台谏人文宠早颁。自此箕裘知克绍，芝兰裕后可追攀。"

陈坞，在黄家畲北2.3千米。村建在高山谷坞，以姓得名。

东坑下，在黄家畲北6千米。地处陈家垟东北溪坑下，故名。

内陈山，在黄家畲北6.7千米。

叶垟，在黄家畲东北4千米。地处坳头北坡坳地，田畈较大，叶姓开基，故名。

牛角山，别名牛角寨，在黄家畲东北5.3千米。村建牛角山半山腰，重沙公路南侧。《云和县志》记载："牛角寨在县西三十里，孤峰陡峙，状如牛角，旧传里人避寇于此，石堡犹存。"牛角山海拔1296米，村以山得名。1978年10月云和县第一所电视中转台建此。

武树，在黄家畲东北4.5千米。村坐落于叶垟岭脚，昔日村口有五株大柳杉，故名五树。后雷、兰两姓迁此定居，演变为武树。

赤石片

龙岩洞，亦名龙眼洞，在黄岗东南2.5千米。系后靠移民新建村庄，以洞得名。

大坪，在黄岗东4.7千米。据传清代一闽籍周姓因逃避官税，迁此山坪建居，故名。

碗窑岭脚，在黄岗东南3.7千米。周姓建村在碗窑岭岭脚，故名。

碗窑，在黄岗东南4.6千米，畲族聚居地。因古时曾建碗窑而得名。

坟山，在黄岗南2.2千米。仙眠床村张氏祖坟所在，因名坟山。

朱坑，在黄岗北2.1千米。以坑得名。1984年建设紧水滩电站水库时被淹没。

陈家，在黄岗西北2.5千米。在沙坑东侧，与朱坑为邻。以姓得名。

瓦窑头，在黄岗北0.8千米。与赤石隔溪对望。饶姓在瓦窑上首建村，故名。1984年建设紧水滩电站水库时被淹没。

黄岗，在县城西北12千米。系后靠移民新建村庄，因山岗得名。

岗后，在黄岗西北6千米。龙泉溪北岸，邻近龙泉界。赖姓开基，村建金岗山岗后，故名。

下独山湖，在黄岗北4千米。

高胥，在黄岗西0.6千米。系后靠移民新建村庄。

张家，在黄岗北3.8千米。在龙泉溪北岸，沙坑东侧，以姓得名。

桐子坑，在黄岗北2千米。移民新建村，在龙泉溪北岸，与沙坑源为邻，以坑得名。

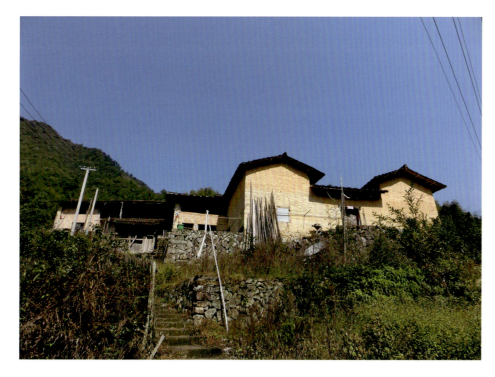

徐家，在黄岗西北5千米。据《徐氏宗谱》记载："徐姓祖先于清道光八年，从兰溪县迁此居住。"以姓得名。

上弄坑，在黄岗西南0.3千米。系后靠移民新建村庄。

黄垟，在黄岗东南3千米。据《周氏宗谱》记载，周姓进兴公开基，因山地垟畈土壤黄色，故名。

古路桥，在黄岗东南2.7千米。周姓建村，以桥得名。

尖山下，在黄岗西5.5千米。因村舍坐落在海拔959.8米的具背岘山峰下，故名。

银坑坳，在黄岗西南5.5千米。古代曾在具背岘北坡坳地开采银矿，故名。

垟田新村，在黄岗东南1.1千米，畲族聚居村。

坳后，在黄岗东2千米。与横坑为邻，以地理位置取名。

下坑，在黄岗西5.3千米。以坑得名。

沙埠，在黄岗北1.2千米。移民新建村，地处水库北侧，以沙坑源、沙坑埠头两村各取一字而得名。

阴岩，在黄岗东北2.5千米，畲族聚居村。清朝畲族兰姓祖先在此开基建村。因地处鹿角尖西坡，四面环山，山高谷深，故名。

坑尾头，在黄岗北3.5千米。村建于山垮坳地。

山茶岗，位于县域中西部，黄岗以东偏南4.5千米处，海拔300米。村处丽浦线东侧山岗，西南与老鼠梯为邻。1932年大坪周姓迁此开基建村。山岗盛产茶子，故名。

黄垟山，位于县域中西部，龙泉溪紧水滩水库东面，黄岗东4.2千米处，海拔580米。村处半山腰高地，清乾隆年间，周姓从黄垟迁此建居。村建黄垟村上首的山腰上，故名。2019年5月村规模调整后属赤石乡滨湖村。

端丘，在黄岗西6.4千米。

横坑，位于县域中西部，黄岗以东偏南5.3千米处，海拔520米。地处山坳，交通不便，沿北侧半山腰分散聚居，村北为梯田，北山上古松成环。清乾隆年间周姓建村，以地形得名。2012年整村搬迁。

荒田，在黄岗西4.5千米。

龙坑，在黄岗西4.5千米。溪坑有一深潭，乡人谓之龙潭，古人为治水害，在水口建"平水大王庙"镇之，故名。

张畈，在黄岗西南5.2千米。以姓氏得名。

青子树下，在黄岗北3.8千米。在龙泉溪北岸，是沙坑发源地，村建青籽（即柏籽）树下，故名。

老鼠梯，在黄岗村东南4.4千米。明、清时筑有一条石步岭，陡峭狭窄，故名。新中国成立后，山茶岗周姓迁此建村居住。

独山湖，在黄岗北3.3千米，村建独山后的山坳梯田旁，以地形得名。　　　　　半坑，在黄岗北4.3千米龙泉溪北岸，沙坑发源地。村建大坳门半山坑边，故名。

新屋下，在黄岗北3.6千米，龙泉溪北岸。邱姓从火吉坳迁此建屋，当时称"新闲"，现称今名。

外垟，在黄岗东南5.3千米。

里垟，在黄岗东南5.7千米，丽浦公路东侧。

张源头，在黄岗东南2.8千米。张姓开基，村舍坐落于一条山坑的源头，故名。

排后，在黄岗西南4.6千米。

上垟田，在黄岗南1.6千米。明朝兰姓祖先建村，田畈俗称垟田，故名。

南山湖，在黄岗南2.7千米。地处赤石南，山上有一湖，故称南山湖，村以湖得名。

独山，在黄岗南3千米。周姓开基，村口溪坑，山水淙淙，孤山屹立，古木蓊郁，景色秀丽，丽浦公路新线沿村通过，以山得名。

金村片

樟坑，在金村东北1.5千米。清末建村，地处坑边，水口有古樟，故名。

上内坑，在金村东南3.3千米。清康熙年间建村，以坑得名。

半岭，在金村东南1.8千米。地处桑岭半岭，故名。

靛青山，曾名内坑，在金村东南3.5千米。地处仙人岩西坡，与内坑湖为邻，昔日村民种植靛青为业，因名。

钟铺，在金村东南2.2千米。该村建于清朝，因当时盖草铺种山，故名。

内坑湖，在金村东南3.5千米。建村已有二百五十余年。处于内坑谷底，仙人岩西坡，与坳坑为邻，以地形取名。

铁拐山，在金村东南4.3千米。村后山上有一巨石，形似八仙之一铁拐李，因名。

257

金子口，位于县域北部，石塘镇西北部，金村西南2千米处，海拔535米。村处泉溪发源地之一大山峡谷地带，沿山谷聚居，村四周峰峦叠嶂，林木葱郁。清道光末年，李姓祖先从福建上杭迁此建村，村民李姓为主。据说早年有人经过现金子口村后的路时，发现一个岩洞便停下休息，在洞口看到有金子残留。村建山口，后人以此取村名为金子口。因交通不便，2012年村民下山脱贫，搬迁至金村居住。

金村，在县城北20千米。原名藤坑堘，清乾隆年间，阙姓开基建炉炼铁，人们祝愿变铁为金，故名。

坑口，在金村东南8千米。建村三百二十余年。地处泉溪北岸大岗山源坑口，故名。

　　百花洞，在金村西北3千米。据传此地环境幽雅，犹如仙境。悬崖峭壁，半山有洞。早开晚合，山巅常见一姑娘现身梳洗，人们颂为"百花娘娘"，建庙祀奉。后洞开不合，百花娘娘从此被接进庙内，此洞故名"百花洞"。村以洞得名。

　　青源坑口，原名新屋下，在金村北0.5千米，畲族聚居村。民国初建村，村庄建在青源坑坑口，故名。

　　大坑，在金村东北。1975年迁青源坑居住。

坳上，在金村东北4.2千米。清康熙年间建村。大岗山西坳，两峰峡峙，地处坳坞，又名沉村，1971年改称坳上。

石水缸，在金村东北2.5千米。因四面峰峦环抱，地形凹陷，登巅俯视，形似水缸，因名。

竹子坪，原名金竹坪，在金村东4千米。清雍正年间建村，地处山间坪地，昔日盛产金竹，故称金竹坪，后演变为竹子坪。

高子坑，在金村南3千米。地处牛头山北坡，石子岭南侧峡谷坑边，以地形得名。

石子岭，在金村西南3千米。牛头山北坡，系云和通往松阳石仓的山口，石子岭头海拔765米。石子岭东通南坑，西达松阳大岭口、石仓源。村以岭得名。

金庄山，在金村东4.5千米。建村已三百余年。金姓开基，以山得名。

下金庄，在金村东5千米。建村已三百余年。在金庄山下村，故名。

　　松树岗，位于县域北部，原朱村乡西北部，金村东南1千米处，海拔300米。村处南坑与泉溪汇合口西面山岗上，村后皆山，沿山岗聚居。清乾隆末年，邱姓从福建汀州迁此定居。昔日山岗有大片松树林，故名松树岗。由于交通不便，整村搬迁至金村水口居住。

　　青源坑，位于县域北部，原朱村乡西北部，金村村北1.5千米处，海拔380米。村处竹子湖山峰东南侧小坑边，沿坑东侧聚居。小坑水自北向南经村西，山道北可达松阳青源坳，南至金村。因坑源水清山秀，故名。由于地处偏远，交通不便，2008年整村搬迁至金村居住。

　　水照垟，在金村西1.8千米。地处谷口，山溪萦绕，依山傍水，青山倒影，垟畈阔广，风景幽雅，故名。

　　坑宅，在金村东3.2千米。村建坑口坑谷底，故名。

下内坑，在金村东南3千米。仙人岩西北坡，泉溪中游内坑东侧，以坑得名。分上、下两村。

杨村，原名阳村，在金村南2.3千米。后杨姓徙居，改以姓得名。

回水潭，在金村东南2.5千米。建村已三百余年。地处泉溪上游，山溪环绕，潴而复流，形成深潭，因名。

大岗山，在金村东4千米。村以山得名。

南坑，在金村南2.2千米。清初建村。地处金村南面沿坑两岸。

岗山源，在金村东北4千米。地处观音坐莲山南麓，大岗山西北，里山坑的发源地，故名。

龙门片

碧空头，在山后东北1.2千米。1970年碧空林姓建村，处碧空上方，故名。

大岗，在山后南2.3千米。数十年前，梅山黄姓建基，村居山岗，故名。

碧空，在山后东北1.2千米，在龙泉溪东岸，碧空寨南麓。相传，清中叶，林姓渔民建房居住，面临龙泉溪，以山得名。1984年建设紧水滩电站水库时被淹没。

王家，在山后西南2.3千米。海坑经村流向龙泉溪，原名上坪深坑。一百五十年前，水碓坑王姓徙居，1962年改称王家。

坳上，又名上坪坳上，在山后西南2.1千米。村居山岗坳窟，故名。

樟坪，在山后西南2.3千米。清初建村，原名上坪，后演变为今名。

新处，在山后东南1.7千米。清道光年间，田垟叶姓建村，房屋新建，故名。

高塘，在山后西南1.6千米。地处高山坳地，原名蛟塘湖。1973年柘后颜姓徙居，后演变为今名。

上西尖，在山后西南1.2千米。约二百年前建村。以山得名。

塆河，在山后东南3千米。清顺治年间，周姓建村。因塆多糊田，故名。20世纪六七十年代，曾在此开采泥煤，因质劣停开。有公路通城镇。

牛庄头，在山后东南2.5千米，一百多年前，外垟廖姓建村。土地属吴姓，原称吴庄头，今名牛庄头。

水碓坑，在山后南1.5千米。清道光年间建村，原名葫芦坑，坑尾有水碓，故名。

乌头坑，又名乌竹坑，在山后西南7千米，水碓坑南岸。清道光年间建村，种植乌竹，故名乌头坑。

阴坑头，在山后西南6.5千米。清道光年间建村，在阴坑上村，故名。

下西尖，在山后村西南1千米。清道光年间，畲族开基。龙门西面有西山，分上、下两峰，故称上、下西尖。

岗上，在山后东北2.5千米，龙泉溪之西，海拔200米。《云和县志》记载，金水峡有大、小金水二滩，金水今名紧水。因建设紧水滩水电站，1979年金水坑村民迁居后山安全区山岗上，因名其地曰岗上。

社公下，在山后西南2千米。清初道光年间，上垟孙姓开基，村居社公殿下，故名。

山后，位于县城西北，距县城10.5千米。系后靠移民新建村。

田垟，原名田坑，在山后东南1.5千米，海拔400米。清初黄姓垦地建村，填坑造田，取名田坑。1981年8月因重名，经县人民政府批准改名为田垟。《南阳叶氏宗谱》有载咏田坑四景：

天师洗印
一石田间四面空，开门便见印相同。千秋不朽天师用，万古留存在水中。

石佛谈经
遥望巉岩妙入神，形容现出钵昙身。庸夫不解参禅学，幸念弥陀有石人。

樟伞摩云
古庙孤樟枝叶多，经霜不改秀如罗。摩云似伞参天盖，酷热闲居兴若何。

虎岩喷雾
是岩是虎众争哗，飞云不绝满山遮。阴晴风雨占皆验，此处含烟定不差。

黄家，在山后东1.2千米。二百年前，由田垟黄姓迁此开基，以姓得名。

油坑，原名墓林底。在山后东1.8千米，一百八十年前，云和镇前巷江姓徙居，沿坑建村。盛产油茶籽，改名油坑。

古岭，在山后东0.7千米。清咸丰年间汤姓建村，坐落在龙泉至丽水的老路岭头。1984年建设紧水滩电站水库被淹没。部分村民靠后建房居住，村名延用。

横路下，在山后东北2.3千米。原是一处田寮，山腰有一条5千米的卵石横路，是龙门至金水坑的必经之道。建村路下，故名。

横路上，在山后东北2千米。

下垟，在山后东南1.7千米。清乾隆年间，叶姓开基，村居新处下垟，故名。

叶草，在山后西南3.6千米。清道光年间，叶姓建草庐定居，故名。

卜家，在山后西6.5千米。明代建村，以姓得名。

田寮，位于县域中北部，紧水滩镇中部。四周环山，屋舍沿南山麓而建，屋前梯田层叠，周围杂木成林。1979年建紧水滩电站时，金水坑刘姓村民迁此建屋。此地原是金水坑村民种田临时搭寮居住的地方，故名田寮。1999年村民搬迁而废村。

外岗，在山后南1.5千米。清道光年间，水碓坑王姓开基。处于葫芦山最外之山岗处，故名。

梅山村，在山后南2.5千米，海拔500米。宋初，梅姓祖先建村，以姓得名。

坛门坑，在山后西南1.5千米。一百五十年前，吴姓开基建屋，村前两块大石屹立田中，形像石门。村旁一条小坑，名坛门坑，村以坑得名。

柘后，在山后西南1.6千米。地处山坳，一百多年前龙门颜姓建基。

樟坪岗，在山后西南2.7千米。系后靠移民新建村，与樟坪为邻。

大湾片

外项山，在大坔南3.6千米，海拔800余米。清朝时，余姓从福建迁此山开荒，租种项姓山场，故名项山。分内项山和外项山两个村，此村为外项山。

　　大垟，在县域西南17.5千米，村建于吊庆坑两侧的大山垟里，海拔843米。据《郑氏宗谱》记载："九龙郑氏派出文秀公，由福建汀州武平县迁居是乡兴化垟，起炉烹煅，经营铁业。公素性豪侠，仗义疏财，善武能文。于乾隆三年，公年十九遍游浙中。偶观云山秀媚，箬水汪洋，追溯潺潺之源，独步九龙之岗。峻岭如梯，崇山若画。天然风景，地隔尘嚣。仰观四面苍松，互相掩映。清流屈曲，环绕村前。俨然世之桃源也。公至此豪情益放，遂结卢于岗上，为大垟开始之祖。"

　　吊庆坑，又名钓青坑，在大垟北1.3千米，地处吊庆尖西南坡沿坑两侧，海拔874米。坑水注入梧桐坑。《云和县志》有钓青坑地名记载，原名出水坑，坑以山得名，村以坑得名。

　　坳头，在大垟北2.3千米，地处吊庆尖南岙，海拔1013米。村建于白箬坳头，故名。

叶马岱，在大墺东2千米。海拔858米，叶姓开基，建村在马雾涂山东南深坞坳地，故名。

大源，在大墺东3.5千米，地处白凹山西坡，新亭坑发源地之一，海拔900余米。邻近景宁县大均乡，坑水注入小溪。

下垟，在大墺东南5.5千米，海拔784米。村建于叶山头下畈新亭坑两岸田垟边，故名。

内项山，在大墈南3千米。

上叶山头，在大墈东4.8千米，邻近景宁县界，海拔969.3米。叶姓开基，建村在白凹山南的山头上，分上、下两村，村处上首，故名。

下叶山头，在大墈东5千米，海拔963.1米。

林山下，在大塆东南3.7千米，地处石桥头坑东，铁炉塆山北坡。村在林山村下方，故名。

沙铺片

外寮，在沙铺东2.2千米，海拔千余米。地处上寮外村，故名。

林岱，在沙铺南4千米。因地形而得名。

回龙山，曾名田坑，在沙铺南5.2千米。1981年10月因重名，经县人民政府批准将"田坑"更名为"回龙山"。因村西山峦凌起，蜿蜒似龙，故称"回龙山"。

后村，在沙铺北400米。沙铺村人迁至山墹垄谷建村，地处沙铺村后，故名。

朱宅，在沙铺东北2千米，地处通天岭西坳，海拔987米，朱姓开基，以姓得名。

　　沙铺，在县域西南20千米，海拔891米。沙铺坑自北向南，流经沙铺砻注入梧桐坑。有铁沙矿，昔日有人在此搭铺洗铁沙，建炉炼铁，故名。据《项氏宗谱》记载："沙铺始自长星公，雍正九年(1731)由凌林徙居斯土，爱其地山川秀丽，风俗朴素，士农工商聚居于斯。"村里有传承数百年的迎神祭祀活动、元宵节沙铺插花龙舞龙、春节沙铺花鼓戏等。有村景古风诗："春风及第天漠漠，四面云施如翠箔。路狭峰高水一湾，髻鬟凹凸险岩壑。樵夫荷笠去采薪，朝往暮归志咸若。一带溪声似书声，鸟语嘤嘤鱼跳跃。砂铁肩挑过门前，匝野耕耘自有乐。古木千层影接天，泉流石上珠错落。"

吴寮，在沙铺东南4.2千米，其中畲族2人，余系汉族。原称翁寮，后演变为吴寮。

沙铺碦，在沙铺南4.5千米。地处梧桐坑沿岸，山碦谷口，故名。

下垟，在沙铺南0.5千米。地处沙铺碦内山塝谷地，沙铺村下的田垟两侧，故名。

林山，旧名林泉，在沙铺东南3.3千米。 林姓开基，地处高山密林之中，故名。

梓坊，位于县域西南部，崇头镇南部，大墙以南偏西5.5千米处，海拔340米。村处梓坊坑、梧桐坑两水汇合处，沿溪坑南北分散居住，梧桐坑水自东向西经村，村南可达景宁畲族自治县梧桐乡。清康熙五十年（1711），吴姓迁此开基。传昔日村内有造纸作坊，故名"纸坊"，因方言谐音，遂演变为"梓坊"。

上寮，在沙铺东2千米，海拔1066.5米。地处大箬山东南麓外寮上村，故名。

坝畔，在沙铺西300米。

沙溪片

梅垄，在沙溪东北3千米，明末李姓开基，得名李垄。清代李姓衰退，梅姓迁居，改名梅垄。1961年建成梅垄水库，村迁移水库北岸，村名沿用。

毛竹坪，在沙溪北5.9千米，畲族聚居村。地处老鸦尖北坳，村舍前后有一片毛竹坪，故名。

高畲，在沙溪北6千米。地处高山，畲族开基，故名。后畲民迁居。

樟柏坳，在沙溪北5.8千米。地处山坳，樟柏苍郁，故名。

后山，在沙溪北0.8千米。《云和县志》记载："后山原名柘野。"因洪水冲毁柘野村，村民向后靠山建居，故名。

烧基，在沙溪北1.4千米。地处山间盆地谷口，因村建原火烧基地上，故名。

大坑，在沙溪西北1.1千米。基坑汇入大坑，注入浮云溪，以坑得名。

重河，在沙溪西1.1千米。因河床几经改道后重新以旧河床为河道，故称重河，村以河得名。

木路，又名沐路，在沙溪北2.5千米。地处山间坳地，坑水逶迤，雷公岗北岙。

赤龙，在沙溪东0.5千米，村中主路宽5米，长300余米。赤石移民居路之西，龙门移民居路之东，取赤石、龙门二乡名首字为名。

林弄墕，在沙溪东0.6千米。早年山墕垄内林木高大，因名。

　　长田，位于县域中南部，白龙山街道中部，县城西南面，海拔170米。村后靠山，环村三面皆水田，沿田畈聚居。雾溪水自南流经村西，雾溪水库渠道自南流绕村东，梅垄至雾溪公路南北向沿村过。

　　据《项氏宗谱》记载："唐僖宗时，翰林学士义公，因避'黄巢乱'自临安（杭州）迁至松阳大竹溪，至六世，宋宗室赵氏生一子，仕郡马复公，由松阳迁至丽水（括苍）浮云乡俊里，即今日长田之始祖。"据传，昔日长田与河上联成一村，河上称下村，长田称上村。上村田姓居住，以上村的"上"字和田姓的"田"字取名"上田"。因"上""长"在云和方言中同音，遂演变为长田。后田姓消亡，项姓迁此居住，沿用原名。抗日战争时期，浙江省财政厅曾驻此。村内存有清时古建筑长田村资圣寺、祖师殿、项氏民居，清代古墓葬及浙江省贸易公司旧址、浙江省财政厅旧址等代表性近现代建筑。

　　蛟溪，位于县域西南部，白龙山街道中部，沙溪东南2.2千米处，海拔175米。沿山麓聚居，村前为田畈，村后山岗松木、油茶成林，机耕路通长田。1984年紧水滩库区大源乡渡蛟村部分移民迁沙溪乡内建村，故取村名蛟溪。后与长田自然村合为一村。

　　林场，位于县域中南部，县城西南面，海拔190米。因村落原本是林场，故名。2019年5月村改居，林场自然村村民就近纳入灵际社区管理。

　　菖岱，位于县域中部，县城西北面，沙溪北6.2千米处，海拔560米。畲族聚居村。村处鹿角尖南坡，村前为梯田。清同治年间，雷姓从赤石碗窑村迁此建村。昔日此地菖蒲丛生，故名菖岱。1998—2008年实行下山转移，整村搬迁至县城西面的柘园新村。

　　外寮，位于县域中部，县城北面，海拔525米。地处老鸦尖北坡高山，聚落沿北半山坡呈点状分布。清光绪年间蓝姓从局村莲塘迁至此搭寮种山，称寮儿，后在寮外建屋，故名外寮。2015年整村下山转移，村民搬迁县城各地。

　　西山，位于县域中南部，县城西南面，海拔280米。地处灵漈山北麓，沿西山坡聚居。溪坑水自南流经村东，与东山隔水相望。清咸丰年间，雷姓从景宁仓凤迁此建村。因村落建于溪坑西边山麓，故名西山，因下山转移，西山村民于1996年整村搬迁至三门村三门居住。原址复垦。

　　祠堂彭，位于县域西部，白龙山街道西北部，海拔170米。临田畈沿林溪西畔聚居，村西与沙溪相连。据传，昔日沙溪村边祠堂内住着一位彭姓人，故称祠堂彭。村民以彭姓为主。因后来新建房屋与沙溪自然村混杂相连，现已与沙溪自然村合为一村。

马槽头,在沙溪北1.6千米。明末官家在此设置马槽房饲马,故名。

村头,在沙溪西1.4千米,云和盆地西面,浮云溪南岸。悬崖疑削瓜,巨港齿其脚,居人石笋下,独自成村落。1942年抗日战争期间,浙江省抚邮处曾驻此村。据《太原郡王氏宗谱》记载:"村头王氏世系,出自宋敕朝散大夫。外州刺中元公之后,公为江右进士,宋祥符间宰福建延平使,辽北归捏为括州刺史,因爱其山川秀丽,风俗朴素,遂占籍于丽水之桑田。即今之云和柘野是也。"柘野村已改称后山。村头即指柘野村头。

大路背,位于县域中南部,县城西南面,海拔195米。坑水自南流经村西北,村建大路高地上,故名。2012年大路背村民整村搬迁至三门村三门居住,原址复垦。

马村,位于县域中部,白龙山街道,县城西面,海拔148米,村西皆山,沿山麓聚居。昔日此处为马姓人居住,故名马村,后马姓消亡。1975年隔溪寮村民迁此建村,沿用原名。2019年5月村改居,马村自然村村民就近纳入灵际社区管理。

宋家，位于县域中部，县城西面。清朝，宋姓建村，以姓取名。2019年5月村改居，宋家自然村村民就近纳入灵际社区管理。

梅西岭，在沙溪东北3.6千米。村建舍上山脚，是通向梅垄的小山岭，以岭得名。

木枸垟，位于县域西南部，沙溪东南2千米处，海拔190米。沿山麓分散聚居，村前为田畈，村后山岗杉木、毛竹、柑橘林成片。清乾隆年间，钟姓从景宁鸬鹚迁此建村。村建山垟，山坳形似木枸，故名木枸垟。后与长田自然村合为一村。

上岭，位于县域西南部，白龙山街道中部，沙溪东南2千米处，海拔190米。村处长田坝头自然村东面，以山名上岭为村名。1984年紧水滩库区移民迁此建村，后与长田自然村合为一村。

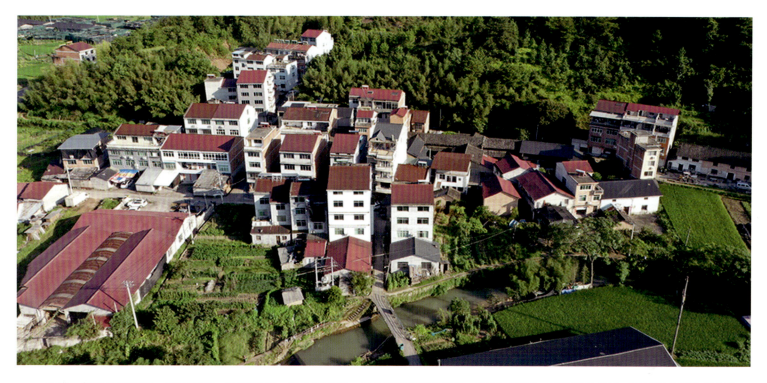

　　山边，位于县域中部，县城西面，海拔230米。沿山麓聚居，后林溪向东流经村北。清雍正年间，赵姓迁此建村。因村处寨洞山麓山脚，故名。又因村后小山形似金鸡，村前为田垄，又曾称金鸡垄，后恢复旧名山边。2019年5月村改居，山边自然村村民就近纳入灵际社区管理。

　　茶子岗，位于县域中部，凤凰山街道中部，县城北面，海拔290米。村后皆山，村民沿山岗分散居住，坑水自北经村西南注入梅垄水库。清咸丰年间，江姓从县城前巷迁此建居。因村后油茶成林，村建山岗上，故名茶子岗。2019年5月村规模调整后属凤凰山街道新岭村。

上处，位于县域中部，县城西面。因处隔溪寮自然村的上首，故名。2019年5月，上处自然村村民就近纳入灵际社区管理。

隔溪，在沙溪南1千米。与高胥村隔溪对望，故名。

柘园，位于县域中部，县城西北面，沙溪西北4.5千米处，海拔520米。畲族聚居村，村后靠山，沿山麓聚居，村前有梯田。明朝末年，雷姓祖先从福建古田连江迁此开田，种植柘、桑养蚕，故得村名为柘园。1998—2008年实行下山转移，整村搬迁至县城西面的柘园新村。

下村，位于县域中部，白龙山街道北部，县城西面。地处隔溪寮自然村的下首，故名。2019年5月，下村自然村村民就近纳入灵际社区管理。

北丘，在沙溪西北2.5千米。以山得名。

路边，在沙溪北4.5千米。明末，兰姓祖先从福建迁居大坑东岸路边建村，故名。

刘家，在沙溪南1.3千米。以姓得名。

玉斜河，在沙溪南5.7千米。

大垄，在沙溪北1.9千米。

埃大，在沙溪南1.5千米。

黄西垟，在沙溪北2.3千米。黄姓开基，村西有片小田垟，故名。

三门，在沙溪南1.9千米。

霧溪片

　　大岗，系雾溪畲族乡政府、村委会驻地。位于县域西南，距县城6.5千米。在雾溪水库西南侧，原村已被水库淹没，村民后移至此。

　　双港，在大岗南0.6千米。村建在雾溪西侧，二水平行，村口汇合，注入水库，因名。据《王氏宗谱》记载："古名双溪，又名双洲，始祖嘉迭公，原是福建泉州府安溪县金田乡玉湖石桥屋竹柄村人，于明崇祯二年（1629）徙居浙江云和双港安居。聚族斯地，山明水秀，大有佳趣。层峦耸翠，形景天然。长溪一带顺流而东。高峰千仞，势拱于南，无异天造地设之象，居于斯不亦宜乎。"

　　竹片坳，在大岗北300米。雾溪水库西南侧，灵漈山东麓。

　　石板桥，在大岗东北1.5千米，畲族聚居村。在雾溪水库东侧小坑边，以桥得名。

龙井，在大岗西南6.5千米。村建在龙井山坳，山麓有一潭，瀑布直下，潭水晶碧，其深莫测，人们称为龙井，村因此名。

水口，位于县域南部，雾溪畲族乡中部，大岗南3.1千米处，海拔530米。村处碈头自然村北面，沿雾溪坑两侧分散居住。清咸丰年间，严姓从埃大迁此建村。因村建在雾溪水东诸水汇合处，故名水口。因雾溪水源地保护需要，2015年整村搬迁至县城大坪安置区内居住。

苦槠悩，在大岗南1千米。地处坳头岭岭脚，坳头坑汇角，山水汇入景宁黄寮坑注入小溪。

郑家，在大岗东0.5千米，水库南部，长峰山北麓。郑姓开基，故名。

西坑坳，位于县域南部，雾溪畲族乡中部，大岗南偏西3千米处，海拔650米。村处西坑自然村东面，砻头村新横路西侧的山坳中，聚落沿小坑西侧呈带状分布。清道光年间，谢姓从龙门迁此建村。村建西坑村坳外，故名。

水竹垟，在大岗东南2.5千米。明末柳氏从闽迁居薄刀岗北坳。开基前水竹丛簇，故名。

新横路，在大岗南2.9千米。因地形而得名。

兰岗，在大岗东北1千米。相传清朝兰姓祖先从福建兰家迁居长峰山北坳，与雷岗隔水对望，以姓得名。

峇头，在大岗南3.5千米。村建在峡谷坑边峇头，因地形而得名。

雷岗，在大岗东1千米，畲族聚居村。相传清朝雷姓从福建徙居长峰山北坳，与兰岗相望，以姓得名。

后垟，在大岗东北0.5千米，畲族聚居村。因村后有一片小田垟，故名。

磁门，在大岗东1.9千米，佛儿岩西北坡，畲族聚居村。

西坑，在大岗南3.5千米。相传清初祖先在雾溪西支流沿坑建村，与杨梅垄为邻。

朱村片

金山下，在朱村南0.5千米。村建于清康熙年间，与朱村隔溪相望，在老虎坪北麓，金山脚下，故名。据《吴氏宗谱》记载："康熙年间，元珠公从云邑九都朱村的杨梅岗移居金山下村。"现旧址尚存延陵旧家。有一幢长廊屋宇，长廊共三十六支屋柱，三处石大门。

隔壁湾，别名夫人殿，在朱村西北2.8千米，畲族聚居村。明代正德年间建村，与苦枝垄隔岗为邻，以地形取名。

狮子坑，在朱村西4.5千米，白鹤仙岗西坳。据传古有庵堂，门前有两只石狮，后因开基，出土石狮，因名。

刘家，又名内垟，在朱村西3.7千米。清光绪年间建村，以姓得名。

高村，在朱村西北2.3千米。清代乾隆年间建村。

黄家，在朱村西3.7千米，白鹤仙岗东坡。刘家与黄家总称马蹄山，以姓得名。

槽山，在朱村西北2.9千米。明建文年间建村，地处山润两侧，山坳形状如槽，故称槽山。

砦空，原名隆空，在朱村西3.3千米。

石门坑，在朱村西南2.1千米。清雍正年间建村，在元宝山南麓水口，小山峡峙如门，故名。

乌弄，曾名芝麻垟，住朱村北0.9千米，畲族聚居村。清嘉庆年间，吴姓开基，有一兰姓人帮吴家做长工。水口有座乌龟山，地处山垄，以地形得名。

毛家塆，在朱村西南2.7千米。毛姓开基。地处石门坑塆谷，故名。

大湾，在朱村西4千米，白鹤仙岗北坳。以地形得名。

三姑堂，在朱村东北0.9千米。明泰昌年间，叶氏开基。古时山麓有座庵堂，名为三姑堂，故名。

桑岭根中村，在朱村西偏南5千米，石门坑沿岸，白鹤仙岗南麓。15世纪末，江氏从福建汀州徙居，在此开基。以岭得名。

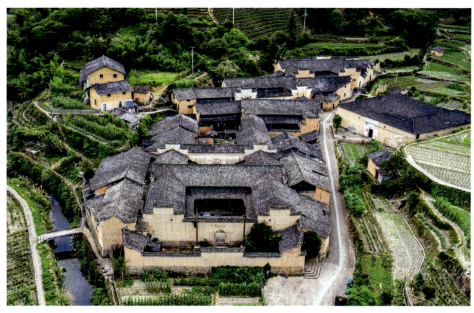

外垟，在朱村西1.5千米，畲族聚居村。清同治年间建村，在元宝山南坡的山间畈地，村的西部有一片田垟，村处山外，故名。

桑岭根外村，在朱村西南4千米。明朝嘉靖年间，桑姓开基，在白鹤仙岗南麓，石门坑沿岸。水口桑姑婆庙旧址犹存。

桑岭根内村，又名夫人殿后，在朱村西5.2千米。明代嘉靖年间，桑姓开基，因名。

上畈，在朱村西北0.6千米。在双尖南麓，山间畈地。位于朱村上首，故名。

深渡坑，在朱村西南2.7千米。据传清康熙年间，有一"千总"逃此开基，时称千总坑，后演变为今名。

下畈，在朱村东北。清宣统年间建村，在泉溪北岸，双尖南麓。朱村有东、西二畈，俗称上畈、下畈。

坳坑，在金村东南4千米。建村已有二百余年。村以地形得名。

张兰，原名张庄，在朱村北3千米。地处尖面东山西坳，清康熙年间从福建迁居。1981年随同生产大队改名为张兰村。

小岗，在朱村北3.1千米。与张兰村咫尺为邻。清康熙末年，村祖由福建江铿徙居小山岗上开基建村，故名。

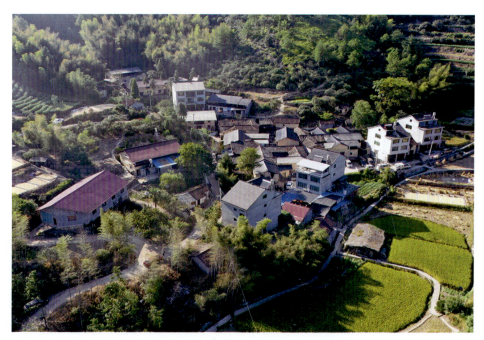

石壁下，曾名金竹垄，在朱村西4.3千米。在仙人岩东北坡，地处垄谷，往昔垄坡峡谷林木蓊郁，金竹葱茏，曾称金竹垄。以地形得名。

黄山头，在朱村西2.5千米。清同治年间建村，地处老金岗、元宝山坳门坡地，以山得名。

大坑头，在双港东3千米。村坐落于兰田塽西坡，桑坑源头，故名。

下街，位于朱村东面双尖南麓。明代泰昌年间建村，与朱村咫尺为邻。朱村内有一条长约200米、宽约4米的石砌街道，故取名下街。

泉溪，在朱村西北。系革命老区。

张川，曾名张村，在朱村西北1.1千米。在双尖南麓，泉溪东岸，依山傍水，清泉悠悠。张姓开基，取名张村，因重名，故改为张川。

苦枝垄，在朱村西北3千米。明洪武年间建村。东坑西流，外坑向东，地处山涧垄谷，苦槠树繁茂，因方言"槠"与"枝"同音，演变为今名。

茶园，在朱村西北3.2千米。清康熙年间建村，因盛产茶叶，故名。

黄村，在朱村北3.1千米。清同治年间，从福建徙此开基，地处尖面冻山北坡峡谷坳地。

朱村，在县城东北18.5千米。地处双尖南麓，泉溪北岸的宽谷峡口。据传朱姓开基，因名。

下户，又名下坞，位于县域西南部，原云丰乡北部，张家地北0.5千米处，村北与龙泉市安仁镇金蝉湖相邻，海拔820米。2010年村民迁往张家地村及县城。

栏头，在张家地南5.5千米，高山南坡，邻近龙泉界，海拔900余米。以地形得名。

　　官山，位于县域西南部，崇头镇南部，沙铺南偏西5.7千米处，海拔875米。村处白马仙山东坡，沿南山麓聚居，村前梯田重叠。明代时，回龙山杨姓人封山育林，在此建舍管理山林，得名"管山"，后梅姓又从梧桐坑头迁此管理山林，遂演变为官山。

　　大岭岘，位于县域西南部，崇头镇南部，崇头镇政府驻地崇头村西南，沙铺南5.5千米处，海拔900米。村处回龙山南高山坡，沿北山麓聚居。清嘉庆末年，杨姓从回龙山分居迁此建村。因村建山岭岘，故名。

后垟，在张家地南7.5千米。村建于枫桶尖西北山间田垟边，《云和县志》有后垟地名记载。毛姓祖先开基，分外垟、后垟二村，外垟迁并后垟，统称后垟。

漈下，位于县域西南部，原云丰乡南部，张家地南8.8千米处。因后垟水口有一高达200米的岩漈，村建岩漈下，故名。2008年村民外迁其他村居住。

山茶丘，在张家地南1.3千米，海拔844.1米。开基时，满山都是红山茶，故名。

　　尖坳，在张家地东南2.5千米，海拔860余米，村建尖坳门南坡。村后尖坳门是云和至沙湾步行必经之路。据《南阳叶氏宗谱》记载："清乾隆乙未四十年（1775），春义自龙泉谷坑村迁居尖坳。"刘维戊咏尖坳村景诗："此地从来是茂林，南阳聚处有欢心。路非小也垟非阔，山不高兮水不深。岭下而今兴宝藏，峰头自古祷甘霖。尖坳寨背名堪绘，远荫桥从底处寻。"

　　王山头，在张家地东南3千米。村后有大片茶籽山，早称茶林。后王姓在山头建村垦种，故名。

　　菖蒲坑，在张家地南1.5千米。地处张老帽尖东山坳，重沙线西侧，海拔900余米，坑边菖蒲丛生，故名。

商坑下，在张家地东南6千米。

乌垄，在张家地南3千米，重沙公路经过。地处王山头后垄坳地，故名。1970年后建了三幢房屋，成为新村。

练公坪，在张家地西南2.3千米，海拔845米。练姓在山坪上开基。为纪念祖先创业，故名。

335

金尺亭，在张家地南3.7千米。有古凉亭叫金尺亭，村建于亭旁，以亭得名。

下杉板坑，在张家地东南5.5千米。

上杉板坑，在张家地东南6千米，村建于海拔900米的高山上。《云和县志》有杉板坑地名记载。

香菇寮，在张家地西4.3千米。清代汤、曹两姓从闽下四府迁此搭寮种香菇，故名。

荫桥，在张家地西南4.5千米。地处山间峡谷，梧桐坑上游，尖坳谷口，海拔730余米。清道光八年（1828），造有一座单孔长45米的石拱桥，名为荫桥，以桥得名。清咸丰十一年（1861）文公由毛坑头迁居于此。有村景诗："长大排来笔架山，一湾绿水响潺潺。双溪港口分犹合，鲤向滩头往复还。门对长排景物幽，闲居此处乐春秋。屋旁绿竹堪为友，槛外青松星作俦。山列画屏当户转，水环腰带抱村流。其中胜境堪图画，须待才人妙笔修。闲游缓步到桥边，玩水观山景色鲜。曾见行人歌路上，尤闻过客话亭前。碑中记学人人善，匾上书名个个贤。德薄荫空难庇佑，功名得荫远绵绵。"

张家地，在县城西23.5千米，海拔820米。村建于小溪坑两岸梧桐坑源头，以姓得名。

坑下，在张家地东南4.2千米，海拔970余米。清朝中期，叶姓祖先在范坑头岭下山谷间建村，故名。

云坛片

　　陈邑村，在云坛东北0.7千米。据《陈氏宗谱》记载："云和狮山之旁曰睦田，距东十里曰云潭。陈氏始祖倪者，先世许州许昌人，其父仁永，唐末避乱，仕吴越王钱镠，宫至御史中丞。宋太平兴国三年钱氏纳土，处州盗起，中丞子陈倪受命为讨击使总兵平之。宋擢为银青光禄大夫、兵部尚书。后辞官侍亲，就第云和睦田，其三子光覃徙居云潭，因子姓蕃衍东迁，故名其地曰陈村。"因重名，于1981年恢复古名陈邑村。1939年4月，陈江海等曾在该村建立中共陈村支部。

岭脚，在云坛西南3.3千米。因地近独山，名独峙峰，村建峪脚，故名。

坑峡，位于县域东部，原云坛乡北部，云坛北2.3千米处，海拔240米。沿山麓聚居，村前有梯田，丽浦线南北向经村西山脚下过。村建山湾坑源中，故名。2008年整村搬迁。

柿树垄，位于县域东部，云坛南1.2千米处，海拔175米。沿山麓聚居，村后靠山，沈溪自南经村西向北流。清咸丰年间，王姓从云坛迁此建村。村处山垄，昔日此地柿树成林，故名。2010年整村搬迁到大垟村建房落户。

霞晓桥，在云坛西南2.3千米，以桥得名。地处云寿线南侧。据《杨氏宗谱》记载："北宋皇祐间杨姓禄九公从福建徙迁青田双桂坊。前后百余年，子孙亦极繁衍。逮至达公徙居浮云鹭鸶岸（今独山）奠蔡弄口。嗣又卜宅南岸即霞晓桥。"有村景诗："桥名霞晓拟清晨，景胜奇龙色色新。霁月光风如画里，垂杨弥望叶蓁蓁。"

独山，在云坛西3.3千米，地处丽浦、云寿线岔口。村以山得名。《云和具志》记载，独山在县东，一名独屿，铁骨高撑。浮云、云坛二溪水刷共趾，为县之水门。孤峰独耸，表镇一方。山巅园锐，宛如卓笔，为箬溪八景之一。

343

　　梅塆，在云坛东北3千米。据《毛氏宗谱》记载，明朝梅姓迁此山塆建村，故名。1938年8月，由吕克仁首先在本村发展陈江海等同志入党，建立了云和县第一个支部——中共梅塆支部。1940年6月至1943年4月，一度成为本县地下党组织的活动中心。

　　大坑，在云坛东北4.2千米。此地有一条坑长10余千米，从丽水市郑地乡孙畲，自东向西经小顺村注入龙泉溪，故名。

　　瓦窑岗，在云坛东北3.5千米。清乾隆年间，山岗上建有瓦窑，故名。

　　李山前，在云坛北3千米。据《陈氏宗谱》记载，宋朝末年陈姓从福建古田迁往陈村，后陈必元转迁至此开荒建村。因村建在里山前面，故名里山前，后演变为李山前。

　　沈岸，在云坛西南5千米。地处云(和)寿(宁)线南侧，因沈姓在小溪边建村，故名。后沈姓衰退，雷、兰两姓徙迁，村名沿用。

　　麻车岗，在云坛北3.6千米。以山岗得名。

迁坑，在云坛东北7.2千米。清朝咸丰年间，徐姓从龙泉县徙迁小坑边建村，故名。

隔溪，在云坛东北3.5千米。与梅埼村隔溪相望，故名。

靛青山，在云坛东北5千米。据《徐氏宗谱》记载："清同治九年（1870）祖先徐士钦迁此居住。"以种靛青为业，故名。

云坛，曾名云潭，在县城东北约7.5千米。有题咏："远水带平桥，波光摇不定，人家埼岸中，上有采樵径。"小溪旁全是岩石，形似云层，故名。

横坑头，在云坛西北2.3千米。因村建在坑源之首，故名。

五格圩，在云坛西北2.4千米。因地形取名。

大垟，在云坛南1千米。地处云（和）寿（宁）线西侧，以垟畈得名。

过路郎，在云坛西1千米。据传古时有一解银官路过此地，被招赘为女婿，故名。

底沈岸，在云坛西南1千米，畲族聚居村。地处云（和）寿（宁）线两侧，系沈岸里村。

蛤蟆山，在云坛东北0.9千米。因山形像蛤蟆，故名。

李山，在云坛东北9千米。李姓开基，故名。

百年遗俗

在这条长长的河流中
有人在挖矿，种地，搭桥
有人在相亲相爱
歌颂舞蹈
有人在念念有词
叩拜祈祷
所有的它们
来自于生活需求
也约等于民间艺术

梅源芒种开犁节

级　别：国家级
门　类：民俗
批　次：第五批
传承人：雷云伟（省级） 蓝宝珠（省级） 周世元（县级）

　　梅源芒种开犁节亦称"牛大王节"，是当地农民在芒种期间启动夏耕的一项民俗活动，活动集地方信俗、农耕文化、传统音乐、戏曲、饮食于一体，组织严密，内涵丰富。

　　梅源芒种开犁节是中国二十四节气文化在浙西南山区的表现形式，体现了当地畲汉百姓对土地、耕牛和自然的敬畏和尊重，它将农耕文化和地方信仰融合，活动有一套完整、固定的活动程序，包括设纽迎神、巡游祈福、芒种开犁、酬神戏、仙娘饭等众多环节，寄托着人们祈求风调雨顺、国泰民安的朴素愿望。

云和包山花鼓戏

级　别：省级
门　类：传统戏剧
批　次：第三批
传承人：徐锦山（省级）张再堂（省级）

　　云和包山花鼓戏是在云和马灯和采茶灯两种艺术形式基础上，汲取了安徽凤阳花鼓戏的艺术元素，融合民间吹打等艺术形式而创新的一种民间戏剧品种，相传至今有四百多年的历史，长期在浙南山区一带享有盛名。
　　包山花鼓戏艺术表现形式介于民间歌舞、曲艺和小戏之间，角色除沿袭了凤阳花鼓一男一女两个角色外，还外加大相公和花鼓囡两个角色。唱腔以说唱相互融合，增加戏剧的调侃性，对白和唱腔则融进浓重的包山本土方言，使戏剧语汇更加丰富，具有鲜明的地方特色。包山花鼓所用曲牌，主要有《柳条金》《闹长沙》等十多个曲牌。剧目丰富，常见的有《大花鼓》《卖花线》等十余个传统剧目，后期还创作了《牡丹对课》《断桥》等十余部小戏。有表现花鼓艺人受尽流离之苦，遭受地方官僚豪绅欺凌的；有表现农村生活的质朴丰富的等。包山花鼓在表演上有文有武，像《大花鼓》《卖花线》等剧目，说唱中配以舞蹈，舞台表现力极强。包山花鼓戏融合了戏剧、舞蹈、民间吹打等民间艺术形成，成为人们喜闻乐见的一种民间戏曲品种，加之地方语言和风俗习惯的影响，形成了独特的艺术流派。

云和畲族民歌

级　　别：省级
门　　类：传统音乐
批　　次：第三批
传承人：蓝观海（省级）　蓝先明（市级）　蓝松梅（县级）
　　　　雷新英（县级）　蓝章炳（县级）　蓝晓玲（县级）

　　畲族无文字，畲民以歌代言，以歌叙事，借以表情达意，传递信息，唱山歌是畲族最突出的传统文化表现形式。云和畲族民歌题材涵盖历史人文、时政世态、生产生活、婚恋情思、祭祀敬神、伦理道德等领域，形成叙事歌、民间知识歌、风俗歌（生活类、生产类、仪式类）、时政歌四大类，曲调分上路音（角调式）、下路音（商调式），民歌曲调随歌手所处场合、心境的不同还有很多变体，独特的调式和它的随机处理是云和畲族民歌的显著特征。民歌歌词创作保留了传统民歌词曲结构短小规整、节奏明快、注重押韵等特点，同时采用直叙、倒叙及夸张、比喻等修辞方法，体现了民歌生动、原创的艺术风格和魅力。

　　畲族民歌涵盖本民族历史、宗教、服饰、农耕等诸多文化内涵和信息，是畲民获取知识，寄托情感的百科全书，也是研究畲族语言、文学、音乐等的重要依据，具有历史学、民俗学、人类学研究的重要价值。

云和讨火种

级　别：省级
门　类：民俗
批　次：第四批
传承人：刘裕有（省级）　柳王昌（市级）　周加华（县级）

　　云和讨火种信俗是以九天玄女仙娘信仰为基础，以讨新火为核心内容的综合性民间信俗活动。活动始于清嘉庆年间，至今有二百多年历史，主要活动区域以沙溪村、高胥村为中心，涉及周边四十多个村，近万名群众自发参与。

　　"讨火种"活动在农历正月十二至十五举行，沿袭自古确立的程序，具体分为：祭神、祷祝火局、讨火种、接新火、吃仙娘饭、看酬神戏、阅城送火、散神熄火等内容。活动期间，鼓乐齐鸣，华盖彩旗飘摇，仪仗规范，还有民间戏剧、舞龙表演等，是一项综合性的民间民俗盛会。

　　讨火种习俗涵盖信仰、民俗、历史、文化艺术等诸多领域，体现了千百年来人们自觉形成的生活秩序和生活方式，是地方历史文化、族群精神在代代血脉延续中的再现。通过新火传递这种隆重而神圣化的仪式，表达人们对火的崇拜，对仙娘善良、博爱精神的尊崇，并借此祈求风调雨顺、六畜兴旺、国泰民安。

云和汀州吹打

级　别：省级
门　类：传统音乐
批　次：第三批
传承人：涂鑫久（市级）　刘叶贵（县级）

　　汀州吹打是一种古老的民间器乐演奏形式，流行于云和县大南山村及周边地区，是由大小唢呐、二胡、越胡、板胡、锣、鼓、钹等传统乐器组合而成的一种民间吹打演奏形式。

　　汀州吹打作为一种乡土文化，具有极强的民俗依赖性，多在娶亲、丧葬及各类民间集会等特殊场合演奏，曲目构思精巧，情节曲折，结构完整，技巧娴熟，表现力强，曲调根据演奏场景的不同而变化，时而婉转悠扬、如泣如诉，时而激越昂扬、金弋铁马，各种器乐分工合作节奏分明，协调一致。汀州吹打套路繁多，曲牌丰富，传统曲牌有一百多个，保存至今尚能完整演奏的有三十余个。

　　汀州吹打不但丰富了人民群众的文化生活，还能弘扬团结协作、拼搏奋进、自强不息的民族精神，对提高国民身体素质，增强民族自信心、自豪感和责任感，构建和谐社会都将发挥巨大的作用，是一种有较高娱乐、审美价值的民间音乐。

云和八步洪拳

级　别：省级
门　类：传统体育、游艺与杂技
批　次：第五批
传承人：刘国平（省级）　吴景平（县级）

　　云和八步洪拳由18世纪末，清末著名拳师、辛亥革命志士、处州双龙会首领之———李春贤始创，已有一百多年的悠久历史。李春贤师从奇人凤阳婆和南少林高僧陈德标，在传承发展中巧妙地整合运用，而独创了云和八步洪拳，曾一度盛行于云和县、松阳县、龙泉及附近县市，声名远扬，威振温、处两府，是浙江传统武术套路中稀有的拳种之一。

　　八步洪拳主要步法"丁八步"贯穿于整个拳术套路，套路结构紧凑，动作质朴敏捷，攻防严密，招式多变，拳风刚柔相济，动静虚实、内外合一，素有拳娘之称。八步洪拳有极强的传统继承性和凝聚力，在辛亥革命时期曾发挥过积极作用，1904年，李春贤会同关复会首领陶成章、魏兰等革命党人从事革命活动，在魏兰创办的云和箬溪书院先志学堂担任体育教员传授八步洪拳，培养造就了一批革命志士。

云和木玩具制作技艺

级　别：省级
门　类：传统技艺
批　次：第三批
传承人：廖复兴（省级）　金胜民（省级）　何尚清（县级）

　　云和木玩具制作技艺源远流长，早在宋、元时期，大批木匠就已掌握了娴熟的木作技艺。云和山高林茂，民间的"木文化"是孕育民间技艺的文化母腹，良好的自然生态和深厚的历史文化积淀，孕育了博大精深的民间技艺。云和木玩具制作技艺复杂，集技术性、趣味性、艺术性、知识性、科学性于一身，综合运用设计、制材、木工、雕工、绘画、上漆、组装等工艺流程。如鲁班锁等传统木制玩具兼具复杂合理的榫卯结构、丰富多变的造型以及色彩修饰，融合传统文化的精华，起着启迪心智、教育娱乐的作用，具有极高的艺术价值和科学价值。

　　云和木玩具制作技艺延绵中兴于民国时期，鼎盛于改革开放后。至20世纪90年代中国木制玩具城应运而生，使传统木制玩具制作技艺得到更好地传承发展，从明、清时期传承下来的儿童玩具款式和制作技艺至今仍在生产和传承中。目前，云和木制玩具占据全国半壁江山，成为驰名中外的中国木制玩具城。

云和瓯江帆船制作技艺

级　别：省级
门　类：传统技艺
批　次：第三批
传承人：徐行顺(省级)

　　云和瓯江帆船制作技艺历史悠久，据《云和县志》记载，在春秋战国时期，瓯江上游就有木帆船通行，距今已有二千五百年的历史。瓯江帆船一般船身长10米，宽2米，高1.8米，前方正中竖一木帆桅，高8—10米，帆宽约2米。其制作工艺繁复，一条木帆船的制作完成要经过设计、选材、制材、木工、组装、油灰、上桐油及制作凉篷等近十道工序。瓯江帆船两头尖，并向上微微翘起，在整个瓯江流域人们形象地称之为"麻雀船""舴艋船"。
　　瓯江帆船作为一种与瓯江沿岸人们息息相关的生产生活用具，承载着丰富的非物质文化遗产内涵，独特的女神和鲁班信仰，是传统文化和精湛的木作技艺的结晶。瓯江帆船的灵动与两岸的青山相映成趣，一如瓯江历久弥新，激荡着中华民族的勇敢和智慧，在漫长的历史长河中，为山区经济、社会的发展创立了不朽的功勋。

瓯江水上蛟龙节

级　别：省级
门　类：民俗
传承人：刘昌龙（市级）　傅永明（县级）　梅国平（县级）

　　瓯江水上蛟龙节是瓯江船帮文化与板龙文化的结合，是以龙为核心内容的综合性民间活动。据《云和县志》记载，十三日上灯夜，六坊居民截竹为龙，周巡城隔……旧时云和火神猖獗，人们便根据传说制作板龙，在元宵节十三至十五日迎龙灯，以请回"龙母"降服火神，恩赐世人，祈求风调雨顺、国泰民安。《刘氏族谱》记载，康熙年间刘氏先祖由闽之寿宁千里迢迢远徙至云和局村定居，历经三百余年。局村位于龙泉溪东岸，自古是云和的水运码头，刘氏族人迁居到此，大多以行船捕鱼为业，瓯江水涨水落直接牵制着村民的心，村民们希望江水平稳，行船顺风，捕鱼顺利，人们把希望寄托给神龙，就产生局村龙。随着时代的变迁，局村的瓯江水上蛟龙从单纯的舞龙活动，演变成了一项涵盖信仰、民俗、历史、文化艺术等诸多领域的综合性的民间民俗盛会。

　　瓯江水上蛟龙节保留了中国尤其是浙西南一带龙图腾信仰的遗风，体现了千百年来人们自觉形成的生活秩序和生活方式，是地方历史文化、族群精神在代代血脉延续中的再现，具有不可替代的民俗研究价值和民间艺术传承功能。随着时代的发展，这一民俗活动又超越了单纯的祈福信仰范畴，赋予更多的时代精神，保护、抢救瓯江水上蛟龙节对于弘扬民族民间传统文化，促进精神文明建设，构建社会主义和谐社会都将起到积极的作用。

/ 消逝中的村庄 /

古风遗存

返乡的路上

有着那些已逝

或将逝的事物

因为已经远去

它们变得愈加美丽

因为就要远去

它们变得愈加让人珍惜

我们的故乡

就是那个盛放逝去之物的地方

五

黄家畲对门山矿石搬运古道

级别：全国重点文物保护单位

　　黄家畲对门山矿石搬运古道位于云和县崇头镇黄家畲村对门山北侧，原古道总长约3517米。1963年，因重沙公路建设时部分被破坏，现存长约2017米。起点坐落在黄家畲村口重沙公路西侧，海拔981米；终点坐落在黄家畲对门山的山顶弯，海拔1139米，落差158米。古道起段沿坑而上，中间段周边为梯田，尾段为山路。基本为斜坡，用自然块石铺砌，每步宽约1米，落差约0.15米。

　　此古道建于明代，是当地矿工搬运矿石的主要通道之一，有一定的历史价值。

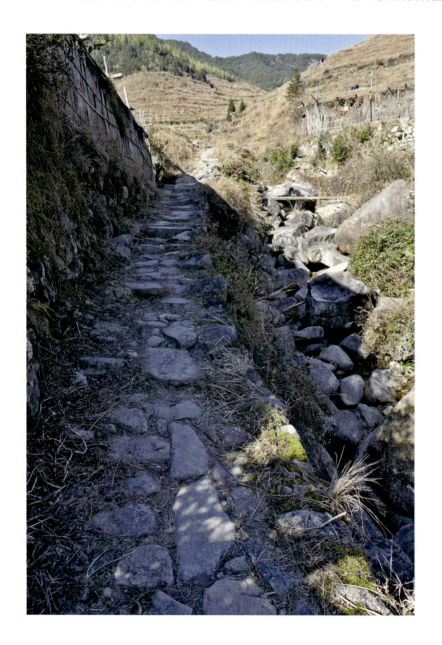

黄家畲对门山西矿石搬运古道

级别：全国重点文物保护单位

　　黄家畲对门山西矿石搬运古道位于云和县崇头镇黄家畲村对门山西侧，原古道总长约2424米。20世纪90年代初，因黄家畲村坑底自然村修建机耕路被毁842米，现存约1600米。古道大至呈西南向东北走向，依山盘旋而上，两旁为梯田和林木，用天然块石铺砌。每步宽约1米，落差约0.2米。起点坐落在坑底村机耕路北侧，海拔1043米；终点坐落在黄家畲村对门山的山顶弯，海拔1139米，落差96米。

　　此古道建于明代，是当时矿工搬运矿石的主要通道之一，有一定的历史价值。

黄家畲冶炼遗址

级别：全国重点文物保护单位

　　黄家畲冶炼遗址位于云和县崇头镇黄家畲村南面，可惜在1988年10月建设变电所时，遭到严重破坏。遗址面积约3580平方米，但遗址主体部分为黄源供电营业所所占，今天仍能采集到少量炉渣、明代瓷片等遗物。地面难觅明确的遗迹，唯遗址边缘有一条长348米、宽约1.5米、深约1米的引水渠，至今犹存。

　　1988年10月建设变电所时，遗址内出土大量红烧土、炉渣及石磨、石臼等工具。据村民回忆，当年矿渣曾整车运走或倾倒在附近溪沟中，显然是一处冶炼作坊遗址。遗址出土的粉碎矿石的石磨盘，数量较多，今尚存3面，均废置于当地村民家，保存尚好，方轴孔的是石磨的下半片，圆轴孔的为上半片，形制同于加工粮食的石磨，但磨面刻有放射状的凹直线，直径73厘米，厚13厘米。

　　黄家畲冶炼遗址的发现丰富了云和银矿遗址的实物资料，有一定的历史价值。

黄源银矿洞

级别：全国重点文物保护单位

黄家畲对门山西矿石搬运古道位于云和县崇头镇黄家畲村对门山西侧，黄源银矿洞位于云和县崇头镇黄家畲村对门山。明代开采，明天顺二年（1458）设有银官局，矿洞分布在一座坐西朝东的山脉，面积约20000平方米。银矿洞大大小小约16处，洞口形状不一。其中1号矿洞，朝东，洞口高2.2米，宽1.2米，可测深度10米，斜坡约10度；2号矿洞，朝北，洞口高2.16米，宽1.42米，可测深度5米，斜坡约45度；3号矿洞，朝南，洞口高2.5米，宽0.6米，可测深度20米，斜坡约45度；4号矿洞，朝南，洞口高5.3米，宽0.6米，很深，无法测量，斜坡约30度；10号矿洞，朝东，洞口高0.7米，宽1.35米，可测深度6.5米，斜坡约30度；11号矿洞，朝南，洞口高1.32米，宽1.12米，可测深度12米，平穴式。银矿洞数目较多，洞口形态大致可分3种类型：斜穴式、平穴式、复合式。

黄源银矿洞丰富了云和银矿遗址的实物资料，有较高的历史、科学价值。

百无禁忌碑

级别：全国重点文物保护单位

　　百无禁忌碑原在云和县崇头镇黄家畲村，和平桥的西端，现已迁移至黄家畲银矿展示馆。百无禁忌碑明代采矿炼银遗址出土，朝北，碑高97.7厘米，宽108厘米，厚34厘米，北面楷书竖刻阴文，其石刻首为"普庵菩萨在此百无禁忌，钦差内官阮料在于黄家畲坑管采办煎销课"，落款为"银官局"，并有天顺二年（1458）款，碑正上方阳刻"南无阿弥陀佛"六字。保存完好。

　　该碑以实物形式印证了文献所载黄家畲银官局的存在，也是推断黄家畲附近诸银坑洞形成年代的重要依据。同时，该碑也是迄今为止浙江境内见证明代浙南山区曾广泛创设银官局的唯一明确的实物证据，具有极其重要的历史价值。

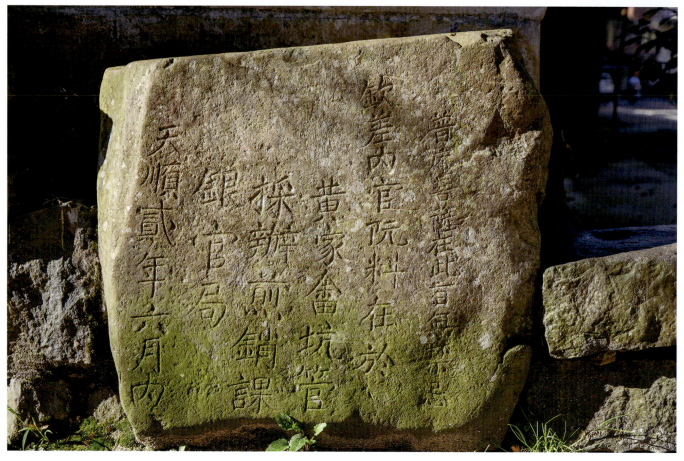

大棚基冶炼遗址

级别：全国重点文物保护单位

　　大棚基冶炼遗址位于云和县赤石乡麻垟村大棚基山，山体自东向西倾斜，海拔696米，当地人称"大棚基"，平地面积约200平方米，平地的南面约15米处有一条小溪流。平地的边缘部分砌有残垣，外侧尽是炉渣，分布在平地的西侧和北侧。炉渣分布较广，南北面宽约40米，东西面长约70米，分布面积约有2800平方米，炉渣堆积上层厚，下层薄，厚度平均约1.5米。堆积层还有大量的红烧土，周围杂草丛生，森林茂密。

　　大棚基冶炼遗址丰富了云和银矿遗址的实物资料，有一定的历史价值。

回龙山银矿石刻

级别：全国重点文物保护单位

  回龙山银矿石刻位于云和县崇头镇沙铺村回龙山自然村南边，山名叫白马山，坐南朝北方向，人称银矿洞香火榜，石壁高4米，长9.5米。石壁上刻有很多字，中间两块石壁刻有：张八相公公位；左边字：故宝口昱；右边字：招财子。次块刻有：口保大王。两边刻有当时矿工的名字、符号、时间等，基本上已风化。最左边石块刻有：正德元年、嘉靖十六年七月。字体为楷书，阴刻，字径约8厘米。其他字风化严重，看不清楚，石块上生长有树木，受树根挤压，部分石块脱落。摩崖可能出自矿工之手，其内涵似祈神保平安。

  摩崖石刻真实反映了矿工的信仰和生产中实际发生的情形。"正德元年（1506）""嘉靖十六年（1537）七月"字样，既标示了回龙山摩崖石刻的凿刻年代，也为当地的银矿开采提供了断代依据，有较高的历史、文化研究价值。

龙岩寨寨址

级别：全国重点文物保护单位

    龙岩寨寨址位于云和县石塘镇岭足行政村续莫圩自然村龙岩寨，该山坐北朝南，总面积约4000平方米，平地面积约400余平方米。据村民讲，当年起义军造反时占据此山头，为据守阵地抗击官军，又驻军在山前一小时，该村后名为营盘村，现该村因石塘电站建设已被库水淹没。该山南面临江水，东南两面陡峭，陡峭之势南面更险要，山高度目测为100余米。据原营盘村村民讲，儿时在江边玩耍时，可觅拾到铅球一样大小的铁铸弹丸，据说是起义军攻击官军用土炮发射的枪弹子，它进一步证实了此山头实为当时起义军所据阵地。

杨广三墓

　　杨广三墓坐落在云和县崇头镇林山行政村林岱自然村村头。杨广三（1520—1565），明嘉靖年间银矿业主，墓建于1565年，坐东朝西，占地面积70多平方米。墓为土坑墓，总宽12米，坟堂宽8米，进深1.7米。原墓前立石碑1通，现已毁，墓前原四根立柱，现存两根，置抱鼓石饰垂带。

　　杨广三是一位历史人物，人称珠宝王，是皇帝所封赏，在田坑银坑洞采银，杨广三墓有一定的历史、文化价值。

寨岩背寨址

级别：全国重点文物保护单位

　　寨岩背寨址在云和县石塘镇大源口村寨下自然村寨岩背山顶，山因寨而名，海拔约475米，总面积约5000平方米，平地面积约800平方米。寨门位于山顶东面，现被开采叶腊石矿破坏，山顶南北两边缘有些地方有残，其中南面有一段保存较好，长约10米，高约1.5米。山顶南面有一条山道，东面通往寨下自然村，山体西面与山相连，中部高峻，向东、南、北三面倾斜。山上面还出土有明代时期的碗片。